AF457802

CAMINO NEGRO

CAMINO NEGRO

Mª Luisa Picado Silva

Tercera edición: noviembre de 2016

ISBN: 9788494378515
Dipòsit Legal: B-9874-2015
Corrección: puntoyaparte - info@puntoyaparte.net
Diseño portada: Duodisseny
Imagen portada: Kiko (Francisco Expósito Alves)
Maquetación: Celia Valero
Nº de asiento registro de la propiedad: B-3144-14
Canciones y música: Javier Rodríguez Sotuela
Edición a cargo de Mª Isabel Montes Ramírez

www.angelsfortuneditions.com

Impreso por: Byprint Percom S.L.

Este libro quiero dedicarlo a los últimos rayos
de luz en llegar a mi casa:
A los pequeños, Kai y Mia.
A mis dos estrellas: Nicole y Xenia.

AGRADECIMIENTOS

Esta historia no habría sido posible, sin la colaboración que con tanto cariño me aportaron algunas personas de mi entorno.

Porque sus vivencias enriquecieron mi relato. Porque compartimos una época muy difícil y llena de esperanza. Y porque fue mucha la información que me aportaron.

Muy especialmente a mi querido Lolo, por compartir conmigo todos sus recuerdos de aquellos años de su infancia y de mina en Escandal, las huelgas mineras del año 1962, 1968 y 1971. Recuerdos, que en algunos casos yo he utilizado para escribir esta historia.

A mi buen amigo Javier Rodríguez Sotuela, por toda la información tan valiosa y por su apoyo incondicional. Porque él con su forma de vivir el Evangelio fue capaz de llegar a los corazones de sus amigos y feligreses. Porque es un gran luchador y es un hombre bueno.

A José Antonio Pérez Molina, por compartir conmigo vivencias muy duras, por su sensibilidad y por trasmitirme sentimientos tan profundos.

A Rosi Pérez Molina porque siempre estuvo al otro lado del teléfono.

A Francisco Expósito Alves (Kiko) por cederme tan generosamente sus fotos (incluida la de la portada de este libro) y por permitirme disfrutar de estas maravillosas imágenes (que con tanta paciencia hace) algunas de las cuales ilustran este relato.

NOTA DE LA AUTORA

Quiero dejar constancia que cualquier parecido con la vida real de alguna/s persona/s es mera coincidencia. Los hechos narrados en este libro son fruto de mis propios recuerdos y/o historias que otras personas me explicaron y autorizaron a escribir.

Este libro nació entre realidad y fantasía. Sin ninguna pretensión, sólo la de relatar una forma de vida. La vida en las zonas mineras del Bierzo, las minas de carbón, las huelgas, la represión y la dictadura en sus últimos años. La vida de un pueblo en su necesidad de despertar. La juventud inquieta con ganas de crecer como personas libres. Me gustaría también aclarar que todas las historias aquí relatadas son verdaderas, aunque algunas estén desplazadas en tiempo y/o lugar.

El carbón que silenciosamente se metía en las entrañas de los habitantes de la zona: Matarrosa del Sil, Toreno, Villamartín, Santa Leocadia, Peñadrada, Langre, Librán, San Pedro Mallo, Santa Cruz, Torenillo, Tombrio de Arriba y Tombrio de Abajo, Fabero y tantos "pueblines" de la zona. El río Sil bañando el valle. Ponferrada como referencia...

La historia se desarrolla entre los años 1961-1970. Y otra parte de la historia entre los años 2012 y 2013. Años de especial lucha y movilizaciones por el futuro de las minas.

PRÓLOGO

Pretende María Luisa, con este nuevo libro, compartir las vivencias, emociones y recuerdos de su juventud en Matarrosa del Sil.

Todos los relatos son una mezcla de realidad y ficción, pero a través de ellos se vislumbra la verdadera historia de este pueblo minero en la década de los sesenta y sus conflictos. Como homenaje a una amistad muy profunda cita los nombres de algunas personas concretas, aunque sus personajes son inventados o distorsionados.

Hace mención de un local, El Centro, como lugar de reuniones, charlas, cursillos, etc... La función de este local era la formación de los militantes de la JOC y HOAC. El método de esta formación: revisión de vida o encuesta, está basado en VER un hecho concreto; JUZGAR ese hecho, causas, consecuencias... y ACTUAR sobre ese mismo hecho o similar.

En una ocasión, en este centro, tuvimos el privilegio de asistir a un recital de canciones de Manolo Díaz, famoso compositor y cantautor, acompañado de Miguel Manzano, también compositor de temas socio-religiosos.

Rosi, ésta sí que es real, tenía en su casa un fondo de libros que prestaba y controlaba, buscando por medio de la lectura, la promoción humana y cultural, consciente que la cultura es el único medio de ser libres. Esto se fue comprobando con el tiempo.

También era ella la responsable de la formación de las aprendizas de la JOC. Comenzaban con un cursillo de iniciación a la vida de las adolescentes obreras, que ella misma impartía. Antes lo habían sido Isabelita y Carmina. De los chicos, fueron Agustín y Manolo.

Ovidio Melcón y María Jesús de la HOAC, nos visitaban con frecuencia para dar charlas o algún cursillo. Ovidio era responsable de la editorial ZYX y nos surtía de libros. Se vendían unos veinte de la serie roja, de temas sociales, políticos, sindicalismo, historia del Movimiento Obrero, etc...

Pero la base esencial de todo el trabajo, era la calidad humana de los vecinos y vecinas. Solidaridad, compañerismo, honradez,... Valores que se han ido trasmitiendo de padres a hijos y de hijos a nietos, como podemos comprobar en los encuentros periódicos en Cataluña o en las visitas a Matarrosa.

Muchos han desaparecido. Algunos muy jóvenes. Todos han dejado sus huellas en nuestra pequeña historia. Una historia sencilla y humilde, de un pueblo sencillo y humilde... Pero son nuestra historia y nuestro pueblo unido y solidario.

Gracias, gracias, gracias...

Javier R. Sotuela

CAPÍTULO 1

SONÓ EL TELÉFONO

Cuando sonó su iPhone 5 de color blanco, Bárbara se sobresaltó, cogió su teléfono y comprobó que era un número desconocido, pero aún así contesto:

—Hola, buenos días ¿dígame?

—Hola, ¿cómo estás? ¿No sabes quién soy?

—Bueno, tu voz me resulta conocida, pero no recuerdo bien de dónde... no te ubico.

—jeje, soy Ofelia. Por fin he podido localizarte. Hace tiempo que intento ponerme en contacto contigo. ¡Qué alegría! ¡Por fin!

Bárbara sintió un nudo en el estómago. Hacía años que no sabía nada de su buena amiga. Habían perdido el contacto después de su boda, a raíz de las huelgas de las minas de carbón en los años 1969-1970. La verdad es que no lo recordaba muy bien. En Matarrosa del Sil fueron meses de lucha. En toda la cuenca minera y Gaiztarro se mantuvo el pulso con los mineros. Algunos obreros fueron despedidos y su marido fue de los que perdieron su empleo. Al quedarse sin trabajo decidieron emigrar y poco tiempo después, el famoso tren Estrella Galicia, a su paso por Ponferrada los transportó a su nuevo destino: Barcelona. Pero de aquello ya hacía muchos años...

Después de ponerse al día concretaron una cita.

—Bueno, ¿quedamos para comer en la Taberna de la Ronda? Está pegada al Corte Inglés de plaza Cataluña, por el lado de Ronda San Pedro. Allí se come muy bien.

—Bien. Te tengo una sorpresa... Así que el viernes diecisiete nos vemos y hablamos... ¿Dices que la comida es buena?

—Ya lo creo. Hacen un pulpo a la brasa exquisito. Llamaré a un amigo mío, Modesto, que trabaja allí. ¡Seguro que nos reserva una buena mesa!

—¡Qué alegría y qué ganas de que llegue el viernes!

Mientras escuchaba la voz de su amiga los recuerdos se agolpaban en su cabeza.

Su primer hogar en aquella zona oscura y lluviosa, a su llegada a Matarrosa con sus padres y sus hermanos pequeños, fue una medio casa-medio chabola en un lugar llamado "Los Barracones" muy cerca de las Casas Nuevas. Seguro que habían sido los almacenes de los materiales utilizados para construir el nuevo barrio y que, ante la falta de viviendas y el auge de la inmigración, los habían acondicionado un poco y los alquilaban a las familias que llegaban de distintas zonas.

La vivienda estaba adosada al monte. La parte trasera estaba incrustada en la montaña por lo que cuando llovía las filtraciones eran grandes y el agua goteaba por las paredes traseras. La distribución estaba compuesta por una pequeña cocina, donde destacaba una estufa de hierro, que funcionaba todo el día con carbón, carbón que al arder desprendía un olor muy peculiar y característico, como de azufre, aunque nunca lo identificó. A Bárbara siempre le había chocado ese olor y nunca llegó a acostumbrarse. No era un olor que "hiciera hogar". Ella estaba acostumbrada al fuego de leña o al carbón vegetal. Éste era otra cosa. Era una piedra que a ella le costaba entender que ardiera y que desprendiera tan grandes calorías, hasta poner la estufa de hierro forjado al rojo vivo, como una brasa. Era un olor como el de la máquina del tren de La Minero. Olor a carbón quemado. Olor que la máquina desprendía y esparcía por todos sus vagones. Humo y olor que los trenes carboneros, que subían y bajaban de las cuencas mineras, esparcían por todo el precioso valle mientras transportaban sus cargas de piedras valiosas bordeando el río Sil. Olor que durante muchos años desprendiera la escombrera de Alinos, en su lento arder. Era el olor de la zona, de las minas, del carbón antracita, de la piedra fuerte y poderosa. Ella se mareaba siempre que viajaba a Ponferrada, a Toreno o a otros pueblos de los alrededores y esa esencia alimentaba sus náuseas.

Aparte de la pequeña cocina la casa tenía dos habitaciones, una que servía de trastero, de pequeña despensa y a su vez de dormitorio. En un rincón de la misma se almacenaba el carbón (Gaiztarro daba por convenio a sus trabajadores todos los meses una cantidad de carbón para su uso) y un montón de leña de varios tamaños para encender la estufa. Al lado podíamos ver un cesto con patatas y otros comestibles: cebollas, ajos... En una esquina había una cama de plaza y media donde dormía Bárbara con sus dos hermanos. Este espacio de la casa era muy húmedo.

En la otra habitación dormía el matrimonio. No tenían ni lavabo ni retrete, tenían que utilizar uno comunitario que estaba en la calle. La letrina era una especie de agujero en el suelo que compartían con los vecinos. Allí se vaciaban los orinales que se utilizaban en los hogares por las noches. Durante el día podías utilizar directamente aquel servicio, pero como era compartido con varias familias, o estaba ocupado o te apremiaban para que salieras pronto. Era un lugar sucio y maloliente, aunque las vecinas se esforzaban en echar unos cubos de agua y limpiar con una escoba vieja.

El agua la traían de una especie de fuente compuesta por un trozo de hierro con un grifo. La instalación era muy sencilla, pero abastecía a todo el vecindario, a las Casas Nuevas y a Los Barracones. Bárbara con dos cubos de zinc, uno en cada mano, traía agua a la casa varias veces al día.

A ella se le hacía muy duro el vivir en la zona minera, en Matarrosa. Consideraba que todo el entorno era hostil. Tenía doce años y todas sus amigas se habían quedado en Valencia de Alcántara, de donde eran naturales.

Uno de los primeros días, recién llegada al pueblo, su madre la mandó por dos cubos de agua al grifo que había en la calle de las Casas Nuevas. Era una fuente provisional donde muchos de los vecinos cogían agua para todas sus necesidades. Bárbara, al ver que no había nadie en el grifo, apretó el mecanismo para que saliera agua y llenar los cubos. En ese mismo instante llegaron otras jóvenes mayores que ella, le cogieron los cubos, los tiraron a lo lejos, rieron y le dijeron:

—Tú llenas cuando nosotras terminemos.

Este incidente le afectó mucho y durante varios días no quiso ir sola a coger agua. Cuando su madre la mandaba tenían que acompañarla. Durante mucho tiempo se sintió muy sola.

Empezó a asistir a las clases de Doña Eutimia, que era una maestra que daba clases particulares en una habitación de su casa. Tenía una mesa de madera grande y dos bancos también de madera, uno a cada lado. Allí se juntaban niños, grandes y pequeños. Ella ponía tareas a cada uno de sus alumnos. Cuando se armaba mucho jaleo por discusiones o por la típica algarabía entre compañeros, doña Eutimia cogía el látigo que tenía y empezaba a repartir latigazos desde un extremo de la mesa hasta llegar al final. Tanto si eras culpable como sino lo eras recibías los latigazos reglamentarios. Era un látigo especial, con un mango de madera y a su alrededor tenía muchas tiras de cuero de aproximadamente un metro de largo. Sin embargo, Bárbara siempre recordó con cariño a Doña Eutimia. Durante ese tiempo no hizo amigas. Las niñas de su edad asistían a la escuela de doña Rosario que era la escuela oficial y reglada.

Eran tiempos muy difíciles y no todas las familias valoraban la escuela. No todas las niñas del pueblo iban a clase, algunas ayudaban a sus madres a cuidar de sus hermanos y en las labores de la casa.

Matarrosa era un pueblo minero, toda su actividad eran las minas. Antracitas de Gaiztarro, S.A. era la empresa más fuerte y estaba situada en los alrededores de Matarrosa. Caleyo, Escandal, Melendreras, Murias y Costillal, Riola, Jarina, Diego Pérez, eran las que estaban más cerca, pero había más en otras zonas. El pueblo había crecido al desarrollo del carbón y también recibió un impulso cuando se hizo el canal para la térmica de Ondinas.

Tanto las minas de carbón, como la obra del canal, atrajo a mucha gente de otras provincias. Personas que se desplazaban para trabajar de muy diversos lugares: Galicia, Extremadura, Andalucía y de otras partes de España. Los nativos de Matarrosa eran pues muy pocas familias disueltas en sus formas y costumbres, absorbidas de alguna manera por todos los inmigrantes que formaban una nueva comunidad heterogénea con nuevas costumbres festivas y culinarias. Aún así las familias nativas conservaron sus privilegios heredados. Todos los demás, que eran la inmensa mayoría, lo único que tenían en común era que eran trabajadores y que arrastraban a sus espaldas muchas dificultades, miserias y grandes sacrificios.

Con motivo de la llegada constante de trabajadores y de sus familias escaseaban las viviendas y cualquier cuadra o chabola se habilitaba, aunque no tuviera las más mínimas condiciones higiénicas y sanitarias, para ser alquilada a los recién llegados. También se construyó por parte del Ministerio de Vivienda un número determinado de casas, las Casas Nuevas las llamaron, creando así un nuevo barrio. El pueblo estaba partido, por un lado la carretera de Villablino a Ponferrada, dejando a un lado la parte nueva de Matarrosa y al otro la plaza, la iglesia y las casas más antiguas.

CAPÍTULO 2

EL AGUA DEL RIARCO

Cuando Bárbara y su familia se trasladaron a su nueva casa en la estación estaban todos encantados. La casa era más grande, más nueva, con grandes ventanales por donde entraba la luz y el sol y por donde Bárbara vigilaba a su primer amor, el joven que la enamoraba y que vivía justo al lado, el joven que le dejaba notas y recaditos por todas partes, pese a la oposición de ambas familias. Bárbara esperaba con impaciencia el atardecer de cada día, hora en la que se reunía con algunas de sus amigas para ir al Riarco a buscar agua. A pesar de vivir en una buena casa tampoco tenía agua corriente como el resto de viviendas del pueblo.

Esta fuente estaba situada muy cerca de la estación del tren, al lado de las vías de La Minero, el agua que salía era fresca y con buen caudal. Eran muchas las personas que venían con sus botijos, sus cubos de zinc, sus cántaros de barro desde Matarrosa a buscar agua para beber. Repetían los viajes necesarios hasta cubrir las necesidades de las familias. Acarrear agua era una labor que siempre hacían las mujeres.

Estos viajes a la fuente y ver pasar el último tren de pasajeros, "El Mixto" a las nueve de la noche, eran los momentos en que las jóvenes aprovechaban para tontear con los chicos, darse sus notas y cartas, mirarse y sonreír a cierta distancia.

Aquella primavera Luisa, la madre de Bárbara la apuntó a un taller de costura que estaba cerca de su casa, el taller de Anita, para que aprendiera a coser y corte y confección. Ya no asistía a las clases de doña Eutimia.

Por primera vez Bárbara empezó a relacionarse con chicas de su edad. Se sentía feliz por haber encontrado buenas amigas, chicas llenas de alegría, simpatía, inteligentes, con las que se divertía y salía los domingos a misa por la mañana y al cine por la tarde, o de paseo hasta Peñadrada o Santa Leocadia, Villamartín, o un poco más lejos hasta San Pedro. Recorrer aquellos caminos, siempre con un paisaje maravilloso, con sus castaños milenarios, con las huertas junto al molino, allá al fondo, abajo, junto al río, acompañado de las lavanderas que dejaban en sus aguas los restos de carbón que se desprende de las ropas de sus hombres, sus mineros..., con las retamas y los carballos a ambos lados del camino, cuando la alegre pandilla llegaba a Santa Leocadia y subían al campanario de la iglesia y tocaban las campanas, o cuando subían hasta llegar a San Pedro y se acercaban a ver su catarata, que dependiendo de la época del año tenía un gran caudal o solamente un hilito de agua.

Pero no importaba, ellas lo disfrutaban todo, el precioso paisaje, la caminata, las bromas, las carreras y los desafíos que ellas mismas se ponían. Así llenaban su tiempo, se entretenían. Pero eran chicas inteligentes y sabían que les faltaba algo: coser, acarrear agua, mirar como pasaba el correo o “El Mixto” y ver alguna película del oeste americano los domingos, no era suficiente. Estaban insatisfechas y a veces lo hablaban, pero sin saber que era lo que les faltaba.

Matarrosa era un pueblo minero y pequeño, no tenía mucho que ofrecer y el espíritu aventurero de las jóvenes estaba muy predispuesto a crecer, a aprender, a volar. Eran espíritus encaminados a la espera de que algo pasara.

Bárbara ahora, recordando aquellos tiempos que acudieron a su memoria junto a la voz de su amiga, creyó abrir de repente un rinconcito de su cerebro. Y sonriendo para sus adentros pensó:

—Ya lo creo que pasaron cosas, y muchas...

En la huelga de las minas de Gaiztarro S.A. en el año 1968, se respiraba la tensión por todo el pueblo. En las calles, en las casas, en la iglesia y especialmente en los bares, los mineros se pasaban el día entero a la espera de noticias y este último lugar era un buen sitio para el debate y para poder sobrellevar la espera. Las noticias corrían como la pólvora de corrillo en corrillo.

Al tercer día de huelga, "El Mixto" de las 21 h. llegó con un refuerzo importante de guardias civiles al Cuartel de Matarrosa.

El Mixto era el tren de La Minero que hacía la ruta Ponferrada-Villablino, con dos trenes diarios en cada dirección. Los trenes de pasajeros lo utilizaban los habitantes de toda la zona minera en sus desplazamientos y a la vez hacía el servicio de correos. También los trenes carboneros transitaban constantemente por las instalaciones llevando el carbón hacia su destino final.

La llegada de la Guardia Civil tensaba más el ambiente de la huelga.

Los mineros desconfiaban de todos los que no fueran conocidos, sospechaban que la policía secreta estuviera infiltrada o tuviera colaboradores y espías, personas del pueblo que no estaban de acuerdo con la huelga y que estaban compinchadas con los patrones en contra de la nueva actitud de los mineros y de sus familias. El pueblo entero estaba involucrado de una manera u otra.

En el centro social se reunían los jóvenes dispuestos a colaborar, los que trabajaban en la mina comentaban y proponían estrategias para la lucha, pero siempre de manera pacífica.

Don Luis, hablaba con ellos, escuchaba sus preocupaciones y les aconsejaba que no hicieran locuras sin sentido. Les decía que todas las acciones debían estar bien estudiadas para conseguir sus objetivos, ya que al menor fallo u oportunidad, la policía los llevaría presos. De esta manera se atemorizaba a los mineros y al pueblo en general. Se debía imponer resistencia pero sin imprudencias. Y seguir a la espera de saber cómo se desarrollaban las negociaciones y cómo las asambleas seguían reunidas sin que las disolvieran o detuvieran a alguna persona. Don Luis, no paraba de ir de un lado a otro. Él no era un hombre paternalista. Estaba con los mineros en la defensa de sus derechos, apoyaba la huelga y asesoraba en la medida que sus conocimientos le permitían. Pero estaba preocupado por tanta policía. Así era él, lo podían encontrar en los bares con los mineros, en su casa por si alguna persona había llamado por teléfono, en el centro social donde algunos jóvenes esperaban pacientes las noticias de una asamblea que se estuviera desarrollando... ya que las reuniones y asambleas estaban totalmente prohibidas.

Bárbara, Ofelia y Camino estaban muy preocupadas por la situación en las minas y querían ayudar, colaborar de alguna manera. Sus padres, hermanos y sus compañeros estaban muy controlados, así que ellas, por su cuenta y sin contárselo a nadie, decidieron ir una noche a poner unos carteles a la bocamina de Escandal. Sabían que podrían contar con más amigas y amigos, pero cuanta más gente, más complicado sería llevarlo a cabo, así que decidieron no contárselo a nadie y si se complicaban las cosas dirían que había sido una decisión impulsiva, sin pensar. Aquella misma tarde, un hecho por parte de las mujeres de los mineros había puesto a la Guardia Civil en alerta. Las mujeres, cansadas ya de tanta represión para sus hombres, habían decidido posicionarse y actuar.

Asunción, madre de 7 hijos, había estado en la huerta que tenía al lado del molino buena parte de la mañana. Su cabeza llevaba tiempo dándole vueltas a la situación. De regreso a casa se encontró en el puente con Cecilia y Marisa y les comentó que era el momento de actuar. Las dos mujeres le comentaron que ellas pensaban lo mismo y que estaban dispuestas a hacerlo, sólo faltaba correr la voz. Pensaron en ir a esperar a los mineros a la salida de la mina y "echarles grano como a las gallinas":

—Si os parece bien, decírselo a las otras mujeres y a ver qué pasa. Sobre las cuatro arriba, en el cruce.

A las cuatro menos cuarto, Asunción y un grupo de mujeres, con una lata de Cola-Cao llena de cebada debajo del brazo, se encaminaron carretera arriba, dirección al cruce de Caleyo. En vez de ir todas juntas optaron por hacerlo en grupos de dos o tres y así no llamar la atención de las autoridades. Venían de las Casas Nuevas, de la estación y algunas del campo. Se había corrido la voz por todo el pueblo y la respuesta de las mujeres fue muy grande, a pesar de que fue todo muy rápido y casi sin ninguna organización.

Era media tarde cuando las chicas salían de coser del taller de Anita. Se encontraron con don Luis quien les comentó que en el cruce de Caleyo había movida. Habían subido algunas mujeres para encontrarse con los esquiroles. El grupo (Araceli, Bárbara y sus amigas) guardaron su merienda y escucharon las palabras de don Luis.

—Se va a liar... Las mujeres suben para el cruce de Caleyo donde esperan a los autobuses de los esquiroles.

Sin pensarlo, todas se encaminaron dirección al cruce de Caleyo. A medio camino la Guardia Civil les dio el alto y les preguntó a donde se dirigían y todas contestaron que daban un paseo. A paso ligero llegaron justo a tiempo. En aquel momento bajaban por el camino los mineros que se disponían a subir a los dos autobuses que los estaban esperando. Las mujeres se sorprendieron al ver llegar al grupo de jovencitas y les dijeron que se fueran, ya que no querían que se vieran envueltas en problemas. Las chavalas se negaron a marcharse. Ya no quedaba tiempo, los mineros estaban llegando.

Rápidamente y, sin que nadie se diera cuenta, Asunción había abierto la vieja lata de Cola-Cao y había repartido a todas unos puñados de cebada y maíz. Según llegaban los mineros, ellas empezaron a echarles por encima el grano, como a las gallinas:

—Pitas, pitas, pitas, pitas, pitas, pitassss... ¡gallinas, gallinas!

Lo tiraban hacia arriba, de modo que todo el grano les caía en la cabeza y ellos se la sacudían avergonzados. Las mujeres empezaron a insultarlos, todas a la vez. Sólo disponían de unos momentos para hacer llegar su rabia y frustración a aquellos hombres y que supieran de su sufrimiento. Estaba en juego el pan de sus hijos:

—¿No os da vergüenza venir a reventar la huelga, cuando vuestros compañeros luchan por todos, incluidos vosotros? Seguro que a vuestras madres les da pudor y bochorno tener unos hijos tan traidores con sus compañeros y con su clase. ¡Si estáis tan muertos de hambre, yo os daré un plato de caldo! ¡Sois unos desgraciados! ¡Tenían que daros una buena paliza! ¡Gallinas que sois todos unos gallinas!

Estaban subiendo aceleradamente al autobús para salir de aquel lugar lo antes posible. En aquel momento, uno de los conductores se dio cuenta que tenía las ruedas del vehículo pinchadas. Su enfado fue muy grande y empezó a insultar a las mujeres y a acusarlas de ser las culpables de pinchar las ruedas.

—¡Vosotras! ¡Ir a fregar los platos! ¡Os voy a denunciar a todas! ¡Y vuestros maridos son unos calzonazos que dejan que andéis por ahí

metidas en follones defendiendo lo que ellos no tienen cojones! ¡Me vais a pagar las cuatro ruedas!

Con tantos gritos y jaleo, no tardó en presentarse la Guardia Civil mandando callar a las mujeres. Les ordenó que ninguna se moviera de allí. Uno de los autobuses se alejó mientras los mineros miraban por las ventanas a aquellas mujeres rodeadas por la autoridad. Después de tomar notas de nombres y direcciones les mandaron disolverse.

Fueron llamadas a declarar de una en una y les abrieron una ficha donde hicieron constar sus declaraciones. Las preguntas fueron para casi todas las mismas:

—¿Quién os mandó ir a insultar a los mineros?

—¿Quién te avisó para que fueras?

—¿Seguro que fue el cura quién os mandó?

—¿Sabían vuestros maridos que pensabais ir a insultar a los otros trabajadores?

—¿Os mandaron vuestros maridos?

—¿Hicisteis alguna reunión para organizar este asunto?

—¿Quién pinchó las ruedas del autobús?

Todas se reafirmaron en lo mismo.

—No nos mandó nadie. Fue una cosa espontánea.

—Fuimos dando un paseo y nos encontramos con los mineros. Como la gente está muy nerviosa...

—Don Luis no sabía nada, nadie nos mandó.

—Nuestros maridos no sabían nada. Salimos a dar un paseo y nos encontramos con el jaleo.

—Es la verdad, fue casualidad.

—No nos organizamos, fue casualidad.

—De las ruedas no sé nada, no vi a nadie.

Los dos guardias civiles estaban tomando declaración muy enfadados. Pensaban que aquellas mujeres les estaban tomando el pelo. No podía ser que todas, un grupo de 37 mujeres y un grupo de jovencitas, se encontraran por casualidad, justo al lado de los autobuses que transportaban a los mineros y también era mucha casualidad que las cuatro ruedas de uno de los vehículos estuvieran pinchadas.

Eran las dos de la madrugada cuando terminaron de tomar declaración a la última de las imputadas. Toda la tarde fue un ir y venir al cuartel. Asunción salió por la puerta del cuartel muy cansada, pero dentro de su corazón estaba muy orgullosa. Tenía el sentimiento de haber hecho algo importante. En ningún momento se amedrentó y por lo que supo ninguna de las mujeres se había dejado acobardar.

Estaba muy orgullosa de todas sus compañeras. Con paso firme, la cabeza alta, el cuerpo erguido y una leve sonrisa casi imperceptible en sus labios, caminó como una reina. Así se sentía, poderosa, fuerte, luchadora. No había un alma por la calle, pero a pesar de las horas intempestivas y del toque de queda, eran muchos los ojos que la estaban observando.

De la zona de Villablino venían todos los días autobuses llenos de mineros que entraban a trabajar en la mina custodiados por la Guardia Civil. Así no se paraba la producción y, con el trabajo de los esquiroles (era así como los llamaban), la huelga podía alargarse mucho y los mineros del pueblo no podrían resistir mucho tiempo la situación.

A pesar de lo que había pasado con los autobuses en el cruce de Caleyo las tres amigas habían decidido seguir adelante con su plan. Llegaron a un acuerdo, creían que era el momento. Bárbara escribiría los carteles con palabras directas dirigidas a los esquiroles: traidores. esquiroles, malnacidos, “revientahuelgas”. Se encontrarían a las 3 de la madrugada en el portal de Camino. Se despidieron y cada una se fue a su casa para seguir con sus rutinas cotidianas.

Bárbara estaba muy nerviosa. Sus padres a la hora de la cena hablaban sobre la huelga. Ella encontró una buena excusa y se fue a su dormitorio. Repasó los carteles que había estado escribiendo, los había hecho con rotuladores y los había remarcado bien. Los dobló de uno en uno, en total hizo tres, y escribió una nota a sus padres:

—Papá, mamá, no os enfadéis conmigo, ni os asustéis si descubrís que no estoy en mi habitación. Regreso en un rato y lo explicaré todo.
Un beso

Dejó la nota sobre la mesita de noche, se puso su camisón amarillo claro y se sentó en la cama a esperar que el tiempo pasara. Sentía los latidos de su corazón tan fuerte que le parecía que los escucharían todos los vecinos y especialmente sus padres, aunque ella esperaba que se durmieran profundamente. Le temblaban las piernas y sudaba suavemente. Poco a poco se colocó los carteles sobre el pecho y se puso una chaqueta oscura y unos pantalones, debajo se dejó el camisón. Se disponía a salir cuando escuchó un ruido que la alarmó. Durante unos momentos contuvo la respiración.

Camino había esperado a la hora acordada. Convenció a su hermana para que la cubriera si sus padres descubrían que no estaba durmiendo y saltó por la ventana de su dormitorio al patio. Puso los pies sobre una carbonera con tan mala suerte que el carbón, que estaba amontonado, se esparció por el suelo haciendo ruido al desplazarse. Aguantó la respiración, esperó a ver si algún vecino encendía alguna la luz o si escuchaba hablar a alguien, pero el patio se mantuvo en silencio. Fue entonces cuando, con mucho sigilo, se asomó a la calle. Vio como una pareja de guardias civiles doblaban la esquina. No sabía qué hacer, así que esperó un tiempo, que le parecieron horas, escondida en el portal a ver si veía a sus dos amigas. Volvió a mirar a la calle. Una luz tibia alumbraba algunos rincones. No había rastro de sus amigas. A lo lejos veía a cuatro guardias civiles parados en una esquina hablando entre ellos. Al poco tiempo las dos parejas cogieron caminos contrarios y empezaron su ronda. A ella la distancia y la sombra de la noche la protegían. Dio media vuelta, abrió con mucho cuidado la puerta del patio y, procurando no desparramar más el carbón, se encaramó a la ventana y golpeó con suavidad el cristal. Su hermana le abrió rápidamente, saltó dentro de la habitación y cerró las contras y las cortinas.

Bárbara, con los zapatos en la mano, pasó por la puerta del dormitorio de sus padres y se detuvo un momento a escuchar. No oyó ningún ruido, siguió su camino, abrió la puerta de la calle y a oscuras bajó las escaleras. Por el portal entraba una luz muy pobre pero que le servía para orientarse. Una vez en la puerta miró hacia todos los lados, no vio a nadie y de una carrera entró en el portal de enfrente. Había decidido ir de portal en portal y no exponerse a recorrer la calle entera hasta llegar al portal de casa de su amiga. Cuando estaba en la tercera portería esperó unos instantes antes de correr hasta la próxima, como venía haciendo. Se asomó con mucha prudencia, y vio aparecer por la esquina a la Guardia Civil, dio unos pasos hacia atrás y contuvo la respiración. Estaba a punto de desmayarse. Todavía no se había repuesto del susto de la tarde anterior. Esperó un buen rato después de verlos desaparecer calle adelante y, con el mismo método, fue corriendo de portería en portería hasta llegar a la primera. Ya en el portal recuperó el aliento y esperó a acostumbrarse a la oscuridad. No vio a nadie. Estaba desorientada, preocupada de haber llegado demasiado tarde o demasiado pronto. Empujó la puerta del patio y llamó con voz tenue:

—Camino, Camino...

Pero no tuvo respuesta.

Observó bien la calle. No había un alma. Estaba todo en silencio. Esperó un poco más y empezó de nuevo el recorrido, pero esta vez a la inversa.

Ya en su habitación, se quitó los pantalones y la chaqueta. Guardó debajo del colchón los carteles y rompió la nota que había escrito a sus padres. A continuación se metió en la cama llena de dudas e incertidumbre.

Las tres amigas se encontraron al día siguiente en el taller de costura, estaban deseando poder hablar y explicar que había pasado. La primera en hablar fue Ofelia.

—Chicas, me fue imposible avisar... Por la noche vino a casa Santiago y me dijo que el pueblo estaba invadido y tomado por la Guardia Civil. Que no se podía dar dos pasos sin tropezar con una patrulla. Así que si teníamos pensado alguna cosa mejor dejarlo para otro día. Le pedí que os intentara avisar, pero hoy por la mañana me lo encontré en la panadería y me comentó que no pudo avisaros, porque tuvo que ir a Tombrio a una asamblea. Espero que no tuvierais problemas... era imposible. Además me dijo también que tanto en Escandal como Caleyo, bueno, que todas las bocaminas habían estado vigiladas. No nos habríamos podido ni acercar.

Camino y Bárbara, le contaron sus aventuras y llegaron a la conclusión de que no se habían encontrado porque una se había adelantado y la otra se había retrasado.

Fue una noche en la que vivieron una historia de espías y donde se había notado la falta de experiencia y la mala coordinación.

Después de hablar con su amiga, a Bárbara los recuerdos la llevaban del pasado al presente y del presente al pasado por momentos.

CAPÍTULO 3

BÁRBARA Y SU HOY

Bárbara después de colgar el teléfono, cogió las llaves del coche y su bolsa de deporte y se fue a sus clases de *aquagym*. En un momento estaría en Illa Activa. La verdad era que las sesiones de pilates y *aquagym* le hacían sentirse mucho mejor físicamente. Había recobrado la agilidad, estaba más contenta y al mismo tiempo se mantenía en forma. Sin ninguna duda había sido todo un acierto apuntarse al gimnasio, a pesar de sus rodillas le empezaban a recordar que ya no tenía 15 años; y cuando no eran las rodillas eran las cervicales y sino el lumbago, pero con estos ejercicios que en el agua eran muy suaves y también con las clases de pilates, donde la mayoría de ejercicios eran sobre una colchoneta, el dolor era soportable.

Ella siempre fue una mujer muy activa. Aparte del trabajo necesario para ganarse el sueldo hacía un montón de actividades culturales y físicas. Necesitaba estar constantemente en evolución.

Sus 50 años no le pesaban, exceptuando cuando sus martirios, así era como ella llamaba a sus dolencias, le atormentaban una temporada. Era entonces cuando su espíritu luchador tiraba de su cuerpo, trampeaba con la ayuda de antiinflamatorios, relajantes musculares, ibuprofeno y aspirina, hasta que pasaba la mala racha y, de nuevo, retomaba su vida con energía, pasión y alegría como si tuviera veinte años, pero aún mejor, porque tenía la conciencia muy clara para no perder el tiempo. Estaba rendida a las nuevas tecnologías, así que asistía a clases para manejar los distintos programas de ordenador. Internet le entusiasmaba, era una ventana al mundo. Así que cuando tenía algún dinero ahorrado se lo gastaba en complementos para su *MacBook*. Su única preocupación era no disponer del tiempo necesario para todo lo que quería aprender. Estaba inscrita a un grupo de teatro *amateur*, ensayaban todos los martes del año, pero cuando se acercaba el día del estreno ensayaban más, dos o tres días por semana. Todo dependía de como tuviera memorizados los textos, ya que a veces le costaba un poco, puesto que las obras que representaban siempre eran en catalán y su pronunciación no era todo lo buena que ella quisiera. La última fue *El malalt imaginari* de *Molière*.

Disfrutaba cosiendo los vestidos que hacían entre las actrices aficionadas. Discutiendo sobre los decorados que montaban los actores con objetos que traían de sus propias casas o que les prestaban sus vecinos o familiares. Y también con los nervios del estreno, con los aplausos y con algún que otro silbido.

Además Bárbara, jugaba todos los sábados unas partidas a la brisca con sus amigos. Eran dos equipos, los hombres por un lado y las mujeres por otro. Ellas se inventaron sus propias señas de juego, cosas tan sencillas como pasarse la mano por el pelo, rascarse la palma de la mano, frotarse un ojo. Lo hacían con toda normalidad y ellos, sus contrincantes y maridos, no se enteraban de nada. Las chicas se entendían muy bien y por mucho que los hombres quisieran pillarlas cuando se daban las señas era imposible y el orgullo masculino hacía estragos. Algunas veces hasta se enfadaban y la pasión del juego acababa en bronca. Pero al sábado siguiente todos contentos empezaban de nuevo.

Bárbara estaba en una época de su vida en la que, por fin, había tomado las riendas. Ahora su tiempo era suyo. Atrás quedaban los años con los niños pequeños constipados y con dolores de barriga, atrás quedaban las reuniones del APA y las notas con sus suspensos y sus sobresalientes, las colonias escolares y los insecticidas para los piojos, atrás quedaban los colegios politécnicos y la Universidad, atrás quedaban los noviazgos, las bodas y algún divorcio.

Ahora disfrutaba de sus nietos, con sus canciones y sus cuentos, sus conversaciones, sus preguntas y sus respuestas. Sus hijos se quejaban de lo muy liberal que era con los niños, pero no era cierto, sólo aplicaba su disciplina, el diálogo y mano izquierda. Las conversaciones y las muchísimas explicaciones le daban muy buenos resultados. Era una tolerancia llena de paciencia.

Ella siempre contestaba a sus preguntas con la verdad, pero una verdad sencilla. Por eso cuando tenían alguna curiosidad, recurrían a ella para esclarecerla. Sabían que siempre tendrían la respuesta.

Bárbara trabajaba en una floristería en Barcelona. En la calle Valencia, 320. En Flores Navarro. Se levantaba a las cuatro de la madrugada y en cinco minutos en coche estaba en la estación de *Vilassar de Mar* donde cogía el primer tren de *Rodalies* a las cuatro cuarenta y siete hasta Plaza Cataluña. A las seis de la mañana ya estaba levantada una de las persianas de la tienda y enseguida encendía las luces, los ordenadores, se ponía su delantal de flores y manos a la obra. Sobre las seis y media llegaban Elena, Alba y Eugenia, sus compañeras desde hacía mucho tiempo. Elena era la pequeña. Se había incorporado al equipo hacía dos años y a veces le tomaban mucho el pelo, le hacían bromas inocentes, pero ella que era una jovencita muy inteligente se dejaba llevar. Más tarde se incorporaron al equipo Eugenia y Alba. Venían desde el barrio de *Gràcia* donde eran vecinas. Trabajaban muy a gusto juntas lo que hacía que el trabajo saliera siempre adelante. Se repartían la faena, organizaban los pedidos, hacían los ramos, coronas o centros, regaban todas las macetas de flor viva y las colocaban en la acera bien expuestas para que el público se fijara en ellas. Dos días por semana, a primerísima hora, llegaba la furgoneta de la empresa que traía plantas del *Mercat de la Flor en Vilassar de Mar* y material de los invernaderos que la empresa tenía en la misma localidad. Bárbara se iba a Casa Paúl, le quedaba enfrente, sólo tenía que cruzar la calle y en el número 287 recogía unas pastas y unos bocadillos, con unos buenísimos cafés con leche.

María y Silvia, regentaban Can Paúl desde hacía cinco años. Habían cogido el traspaso de la pastelería al jubilarse los antiguos dueños. Ellas eran cuñadas y habían incorporado la panadería, ya que en principio sólo se hacía repostería y pasteles.

Can Paúl era una panadería-pastelería muy selecta según constaba en el cartel de la puerta: *fondé 1889*. Así que solera no le faltaba. Hacían una gran variedad de pastas con frutas, variedades muy modernas y otras más clásicas, también tenían un gran surtido de panes: integrales, de molde, pagés, chapata, cereales. El local era pequeñito pero Silvia y María le habían sacado mucho partido y lo tenían bien aprovechado.

Cuando llegaba Bárbara, sobre las siete más o menos con su bandeja bajo el brazo a recoger los desayunos, ya se lo tenían todo preparado. Sabían que siempre venía con prisa.

Unos buenos bocadillos y los cafés con leche de cada día. En algunas ocasiones, cuando tenían algún evento que celebrar, compraban pasteles y pastas de todo tipo. Con mucha frecuencia encontraban motivos de celebración: santos, cumpleaños, un aprobado en el carnet de conducir, vacaciones, permisos. Todo era un buen motivo para celebrar.

Se saludaban e intercambiaban cuatro palabras mientras cobraban el pedido y salía rápidamente, haciendo equilibrios con la bandeja, atravesando la calle.

Juntas, las cuatro compañeras, se tomaban un pequeño respiro con Graciela, su encargada, que siempre llegaba a la hora de desayunar y mientras lo hacían, comentaban las incidencias y planificaban el resto del trabajo.

—Alba, hoy a las doce y media tienes que cubrir el puesto de Bárbara. Te quedas tú en el mostrador hasta la hora de cerrar. Ella se va a comer con unos antiguos compañeros —dijo Graciela.

—Muy bien. Espero que mañana nos lo cuentes todo —dijo Alba.

—Está bien... Os lo contaré. La verdad es que estoy un poco nerviosa pero muy contenta. Creo que hoy será un día muy especial. Será un reencuentro con personas a las que quiero y hace muchos años que no veo —contestó Bárbara.

—Bueno chicas, vamos por faena, que se nos hace tarde.

Recogieron los restos del desayuno, limpiaron la mesa, se lavaron las manos y se recogieron el pelo. Graciela tenía una manía, el pelo siempre sujeto. Se cambiaron los delantales y seguidamente abrían al público.

A Bárbara, le encantaba el trato con la gente y se desenvolvía muy bien en su trabajo. Durante los últimos 15 años esa había sido su rutina. Anteriormente, recién llegada de Matarrosa del Sil en agosto del año 1975, cuando paso a engrosar el padrón de *Vilassar de Mar*, había trabajado los primeros años durante un tiempo en una fábrica textil de confección de ropa infantil. La empresa se llamaba Barrosan. Estaba cerca del *Casal de Curació*, en la calle Santa María, al lado de la Cooperativa Agraria. Pero cuando le ofrecieron un empleo en los invernaderos de Flores Navarro, aceptó de inmediato. Algunos meses después le propusieron el traslado a las instalaciones que la empresa tenía en la calle Valencia, 320 de Barcelona como dependienta, por mediación de la empresa. Ella había hecho algunos cursos de formación sobre decoración floral, especializándose en ramos de novia y centros de mesa. Se veía que disfrutaba trabajando con flores. Estaba encantada.

Bárbara acababa de trabajar a las dos del mediodía, ya hacía años había pactado con sus jefes hacer jornada intensiva. Era una de las muchas cosas que le gustaba de su trabajo ya que así disponía de su tiempo y aprovechaba toda la tarde para dedicarse a sus aficiones.

La llamada de Ofelia había abierto una parte de sus recuerdos que hacía tiempo que estaban en un rinconcito de su cerebro y de su corazón. Una parte de su vida, de su juventud, de su tiempo más inconformista y reivindicativo, casi revolucionario.

El viernes cuando se encontraran, tenían mucho de qué hablar.

Bárbara pensaba en cómo había pasado el tiempo. ¿Cómo encontraría a su amiga? ¿Cómo le habría tratado la vida?

El viernes por la mañana, Bárbara se duchaba deprisa mientras repasaba una y otra vez el orden del día. El día anterior había elegido con mucho esmero la ropa y complementos que se pondría para la comida con su amiga. Le había dado muchas vueltas. Pensó en unos vaqueros y una camiseta negra pero le pareció demasiado informal. Tampoco quería parecer excesivamente arreglada, así que, después de sacar y meter del armario un montón de ropa se decidió por un vestido de *Desigual* que le gustaba mucho, que ni arreglaba ni desarreglaba, unos mocasines rojos y un *foulard* blanco. Todo lo había metido en una bolsa para cambiarse antes de salir del trabajo y reunirse con Ofelia en La Taberna de la Ronda. La tarde anterior había llamado a Modesto y le había pedido que le reservara una mesa que estuviera un poquito apartada con la idea de poder hablar tranquilas. También se interesó por la carta del restaurante, sobre todo en la posibilidad de poder comer el buenísimo pulpo a la plancha que tanto le gustaba y que siempre pedía cuando comía en este restaurante.

Modesto y Bárbara se conocían del tren de la mañana, ya que a esas horas tan tempranas siempre se encontraban las mismas personas y al final se terminaba por establecer una "cierta amistad". Bárbara y Modesto se sentaban juntos con un grupo en el tren y era allí donde se producía el primer debate sobre la actualidad. Todo valía para discutir: política, deporte, últimamente todos los casos de corrupción, la crisis política y económica, los recortes sociales, el desahucio y demás... Y eran muchas las veces que tenían que terminar el debate precipitadamente al llegar a sus destinos. Todos bajaban en Plaza Cataluña.

Ya hacía años que cuando Bárbara quería invitar a alguien a comer y quería quedar bien, siempre recurría a la Taberna de la Ronda y a Modesto, que la trataba muy bien.

La mañana pasaba muy lenta. Parecía que el tiempo no corría. Y además Ofelia había dicho: *"te tengo una sorpresa"*.

¿Qué sorpresa? No le había dado ninguna pista. Además con la emoción y el asombro de la llamada ni siquiera le había preguntado. Bueno, ya faltaba poco y tendría respuesta a todas sus dudas.

A la doce y diez le comentó a Graciela que se cambiaba de ropa y se marchaba.

—Está bien, pásatelo muy bien. Mañana me cuentas.

CAPÍTULO 4

VINO DEL BIERZO Y PULPO A LA PLANCHA

Había dejado la bolsa encima de una silla en un pequeño cuarto que utilizaban las trabajadoras para dejar sus cosas y también para cambiarse de ropa.

Tenía tiempo. Habían quedado a las dos y caminando, sin coger ni metro ni autobús, estaría en Plaza Cataluña en media hora o un poquito más, así que se tomó su tiempo para arreglarse.

Se lavó bien las manos, era una costumbre. Se enjabonaba dos veces y con el cepillito se repasaba las uñas. Sacó de su bolsa de aseo todos los utensilios para maquillarse y los fue poniendo por orden de uso formando una fila. Se fijó en unos arañazos que tenía en el antebrazo y en una mano. No se había dado cuenta de cuando se los había hecho. Seguro que con las espinas de las rosas. Esa mañana había trabajado mucho con rosas y por mucho cuidado que tuviera casi siempre terminaba arañada.

Empezó a maquillarse como si fuera un ritual, todo con mucha delicadeza, suavemente. El maquillaje era muy sutil. Tenía la piel muy clara y sólo se lo ponía para igualar tonos. La sombra de ojos casi no se percibía, una pequeñísima raya delineando sus ojos verdes y para terminar un punto de brillo en los labios. Se cambió los zapatos y el vestido y se puso su perfume preferido *La petite robe noire*. Se miró al espejo y se le escapó una carcajada.

Pensó para sí misma que parecía que fuera a una cita amorosa y no a encontrarse con una muy buena amiga del pasado.

Al salir se despidió de sus compañeras, provocando un aluvión de comentarios y silbidos de admiración.

—Si no te conociera pensaría que vas de ligue y no a comer con una antigua amiga, jeje. Estás muy guapa sin estar muy arreglada. ¡No sé cómo lo consigues! Un día tendrás que darnos una clase magistral —dijo Graciela.

Salió a la calle. Caminaba sin fijarse en los escaparates de las tiendas que ofrecían sus colecciones de primavera/verano con vivos colores y todo expuesto con buen gusto y armonía.

Cuando pasó junto a La Pedrera (Casa Milà) le dedicó un suspiro por su belleza. Sus ondulaciones, su evocación a la naturaleza, sus chimeneas, sus guerreros fornidos o fantasmas vigilando, dependiendo de la interpretación y fantasía del día. Todos los días cuando pasaba caminando a su lado se detenía un momento, la miraba, suspiraba y pensaba en el gran genio, Antonio Gaudí y le daba las gracias por dejar aquellas maravillas allí, en Paseo de Gracia. Después repetía el mismo ritual con la Casa Batlló, donde la imaginación del autor dejaba suelta su creación, las formas redondeadas, óseas, los balcones ondulados, las cerámicas policromadas, las flores y la naturaleza como en toda su obra, sus cubiertas en forma de dragón... Lugares por donde Bárbara pasaba cada día y nunca se cansaba de admirar.

Aceleró un poco el paso Paseo de Gracia abajo, dirección Plaza Cataluña y se dejó acariciar por la brisa que subía desde el mar. El tráfico era terrible: coches, taxis, autobuses, el sonido de los claxon, el bullicio de la ciudad, turistas y foráneos, mendigos, trabajadores, amas de casa, pedigüeños y, a la vez, el contraste de millonarios comprando en tiendas exclusivas.

Pasó junto a un joven, que estaba sentado en el suelo con ropas sucias y rotas y que tendía su mano en señal de pedir una limosna. Bárbara lo esquivo y se alejó unos pasos eludiendo pasar por su lado. Recordó una experiencia que había tenido con él hacia unos días. Durante bastantes meses, diariamente, le había dado 50 céntimos. Los llevaba ya preparados en un bolsillo, a mano, para no tener que buscar en la cartera. Todos los días se saludaban y se sonreían. Así que a Bárbara se le ocurrió ayudar más al joven y preparó una bolsa con una muda completa (calzoncillos, calcetines, camisa y pantalones). Todo era nuevo, estaba en sus bolsas y tenía las etiquetas puestas. Aquel día caminó decidida hacia el chico y toda feliz le entregó la bolsa.

La reacción del joven fue tirarle la ropa y decirle que él no necesitaba nada. Y seguidamente le dirigió todos los insultos que se le pasaron por la cabeza:

—¡Niña pija e insolente, me estás faltando al respeto! ¡Zorra! ¿Quieres lavar tu conciencia? Vete a la mierda. ¡Largo de aquí con tu puta y asquerosa ropa!

Bárbara se quedó muy impactada y avergonzada. Allí, en medio de Paseo de Gracia todos los viandantes se quedaron mirando. Ella no entendía el motivo del enfado. No entendía dónde estaba la ofensa, ya que precisamente por miedo a ofenderlo no puso ropa usada, todo era nuevo a estrenar. Y además, era una cosa entre ellos dos. Desde aquel día ya no le había vuelto a dar dinero, ni le volvió a sonreír. Cuando pasaba por su lado lo ignoraba por completo. Fue una experiencia que Bárbara todavía tenía que analizar y asimilar. Le había dejado una inquietud incomprensible que ella tenía que resolver.

Llegó pronto a Plaza Cataluña y entró a La Caixa a sacar dinero del cajero automático.

Cuando el semáforo se puso en verde cruzó la calle y en el kiosco que está junto a El Corte Inglés compró el periódico *El País* y se dirigió al restaurante.

Sintió que su corazón se aceleraba y un calor le subía por el estómago cuando distinguió un pequeño grupo en la puerta de La Taberna de la Ronda. Eran tres, Ofelia estaba acompañada de un hombre y una mujer. Según se acercaba los fue reconociendo y más aceleraba el paso. Cuando llegó a su altura se paró, sus miradas se encontraron y, como si lo hubiesen ensayado, se abrazaron a la vez todos con todos, se dieron besos, se miraron, se volvieron abrazar y a besar. Reían y lloraban a la vez.

Juntos otra vez después de tantos años, allí estaban Luis, Camino y Ofelia. Durante un buen rato se mantuvieron cogidos de la mano, casi cómicamente. Parecía que fueran a jugar al corro de la patata.

—¡La sorpresa, la sorpresa! ¿Ésta era la sorpresa? ¡Maravillosa sorpresa! ¿Cómo estáis? ¡Qué feliz estoy de vernos! ¿No tendréis prisa? Yo tengo toda la tarde para vosotros —repetía Bárbara.

Desde dentro del local Modesto sonreía viendo al grupo de amigos. Cuando pasaron al interior del restaurante los acompañó a la mesa que les había reservado siguiendo los deseos de Bárbara. Una mesa apartada del bullicio del restaurante. Eso sí, Modesto se apresuró a poner unos cubiertos más, ya que tenía preparado un servicio para dos. ¡Menos mal que el espacio lo permitía! La Taberna de la Ronda, era un lugar un poco sombrío y oscuro, más bien pequeño, no tenía luz natural, pero se comía muy bien y el trato era estupendo.

Se sentaron y se quedaron hablando de sus familias, de sus trabajos, de sus alegrías y de sus penas, de la salud y de los achaques. Ya todos tenían sus añitos... La juventud había quedado atrás. Modesto dejó pasar un buen rato antes de ofrecerles la carta que estudiaron, pero al final se dejaron aconsejar por Bárbara:

—Modesto, cuatro ensaladas de la casa y cuatro pulpos a la plancha. Y de postre nos traes piña con crema catalana. ¿Os parece que pidamos un buen vino del Bierzo? La ocasión bien lo merece.

—Claro que sí —contestó Luis, mientras Ofelia asentía con un gesto.

Después de tomar nota, Modesto les trajo unos mejillones a la catalana y unas rodajas de fuet, gentileza de la casa.

Luis, Camino, Ofelia y Bárbara se encontraban de nuevo.

Hacía más de veinticinco años que habían salido de Matarrosa del Sil. Cada uno había seguido su destino. Pero todos habían compartido una época, un tiempo en el camino de sus vidas y en este encuentro hablaban y recordaban sus experiencias comunes. Matarrosa y las minas era su conexión.

CAPÍTULO 5

OFELIA

Ofelia llegó a Matarrosa del Sil procedente de Andalucía. Atrás dejó su pueblo, Lucena. Los olivares y la tierra ya no tenían nada para ella. El Sr. Juan, padre de Ofelia, había oído hablar de las minas de carbón y de la construcción del canal y sin pensarlo dos veces organizó el viaje junto con toda la familia. Fue difícil reunir el dinero para los billetes de tren de sus cuatro hijos y de su Rosa, que lloraba todo el día por alejarse de su tierra y de su familia, pero que a pesar de su pena, había ayudado a su Juan a reunir el dinero del viaje. Pidió a toda su familia y prometió ir devolviéndolo poco a poco. Si era para ella triste marcharse de su tierra, más triste le parecía dejar que Juan se marchara solo. Eso no lo podría aguantar. Siempre estuvieron juntos desde que se hicieran novios siendo muy jóvenes. Ni siquiera cuando él se fue a hacer el servicio militar se separaron. Ella se desplazo a Alcalá de Henares, en Madrid, donde destinaron a Juan.

Rosa se había buscado una familia para servir. Limpiaba y cuidaba de los pequeños y todas las tardes salía con ellos a dar un paseo por el parque. Juan la esperaba con impaciencia y se veían un rato todos los días. El dinero que ganaba, y que no necesitaba, lo repartía enviando una parte a sus padres y el resto dándoselo a Juan para su tabaco y para que se comprase algún que otro bocadillo. En la casa en la trabajaba tenía todo lo necesario y además sus patrones la apreciaban y le daban de comer muy bien.

Cuando licenciaron a Juan regresaron a Lucena donde se casaron. Juan empezó a trabajar en la aceituna y en otras tareas naturales de la tierra. Últimamente el campo no cubría sus necesidades ya que los niños habían ido llegando y en siete años de matrimonio habían recibido con alegría a los cuatro hijos que tenían. Pero su jornal no llegaba y por eso habían tomado la decisión de emigrar.

Subieron al tren una mañana del mes octubre, con una maleta de cartón, varias cajas y unas bolsas. Ese era el equipaje de la familia. Allí iba la ropa de invierno y de verano. En una bolsa llevaban pan, queso, un poco de chorizo, una cantimplora con agua y unas rosquillas que la madre de Rosa había hecho para que los niños comieran por el camino.

Fue un viaje largo y duro. Cada vez que el tren paraba en alguna estación Juan aprovechaba, bajaba y llenaba la cantimplora de agua para que los niños bebieran. Los pequeños se habían pasado todo el viaje preguntando cuando llegaban a su nueva casa.

Juan, Rosa y los niños llegaron a Ponferrada a media tarde. Cargaron como pudieron con el equipaje y con los dos niños más pequeños, Carmencita, con sólo seis meses y Toñín con dos años. Los dos mayores, Ofelia y su hermano Juanito, con ocho y seis respectivamente, caminaban y arrastraban como podían una bolsa cada uno. Tenían poco tiempo para llegar a la otra estación, la de La Minero, donde tenían que coger El Mixto de la noche. No tendrían tiempo de cenar nada en la taberna de El Tres- Portiñas donde a Juan le habían dicho que se comían unos callos buenísimos. La taberna era el edificio colindante con la estación y tenía fama de hacer buenas comidas y a buen precio. Pero en esta ocasión no habría tiempo ya que tenían que coger el tren que llegaba a Matarrosa sobre las nueve de la noche. Los niños miraban por la ventana como pasaban los túneles y los paisajes que rodeaban todo del valle del río Sil.

Matarrosa les quedaba a mitad de recorrido. Allí los esperaba Rolando, amigo de Juan, que también se había ocupado de buscarles una pequeña casa de alquiler para que la familia se instalara a su llegada.

Cuando Ofelia bajó del tren ya empezaba a oscurecer pero todavía se veía lo suficiente para que ella se fijara en las grandes montañas, en el río que corría caudaloso y en unos niños que lanzaban piedras a unas vacas que bajaban por el puente. Se apresuro y cogió una bolsa que arrastró como pudo, ya que era demasiado grande y pesada para su diminuto cuerpo. Intentaba correr y alcanzar a sus padres que caminaban en dirección al pueblo.

—¡Mirar qué negro! ¡El camino negro! —gritó la pequeña Ofelia a sus padres.

La niña se fijó que al pisar el suelo se levantaba un polvo negro que ensuciaba sus zapatillas blancas de lona.

Los años pasaron y Ofelia creció entre las clases de doña Rosario, los baños en el río Sil, los juegos a la rola, a la comba y al corro la patata en la plaza de la iglesia. Junto con sus amigas cantaban y repetían una y otra vez:

Al corro de la patata
comeremos ensalada
como comen los señores
naranjitas y limones
¡Achupé! ¡Achupé!
¡Sentadita me quedé!

Entonces todas las niñas se sentaban y reían a carcajadas con mucha alegría. En su algarabía, algunas caían al suelo en su intento de sentarse provocando nuevas risas en el grupo. Pero pronto entonaban de nuevo otra canción, con más o menos acierto, cogidas de la mano:

Tengo una muñeca vestida de azul,
con su camisita y su canesú.
La saqué a paseo y se me constipó,
la tengo en la cama con mucho dolor.

Así transcurría su tiempo, además de ir al cine algún domingo, correr y jugar con sus hermanos y amigos por la plaza. En ésta era donde se desarrollaba la vida social de Matarrosa, las verbenas, las fiestas y cualquier otro tipo de evento. Los edificios más emblemáticos, la iglesia, el cine, el comedor escolar y la escuela estaban situados a su alrededor. La escuela era un edificio de dos plantas con una escalera exterior que Ofelia y sus amigas utilizaban como gradas para sentarse y mirar como los jóvenes del pueblo se jugaban las cajas de cervezas jugando al frontón contra la pared de la iglesia. Eran siempre un público fiel. Dejaban sus juegos en cuanto ellos empezaban a darle a la pelota a mano abierta, aquella pelota de tripa enrollada que casi ni botaba.

Ofelia y sus amigas se sentaban en la escalera de la vieja escuela y hacían apuestas sobre quién sería el equipo ganador.

Los mozos siempre jugaban por parejas. A veces tenían que dar por terminada la partida medio lesionados, ya que a los jugadores se les hinchaban las manos muchísimo e incluso se les abrían unas grietas entre los dedos de tanto dar a aquella pelota dura y rudimentaria. En ocasiones, entre los mismos mozos, se pisaban las manos en un intento de bajar la hinchazón para poder seguir con el juego, cosa que no surtía efecto.

La pared de la iglesia era testigo de las maratonianas partidas de frontón entre los rudos y fornidos mozos. En ocasiones era tanta la algarabía que se formaba que salía de la iglesia don José, el sacerdote, a echarles la bronca y llamarles la atención por no respetar los horarios de misa, porque las cuatro beatas que estaban golpeando su pecho por sus pecados no podían escuchar la palabra del Evangelio y sí que oían el golpear de la pelota en la pared de la iglesia con toda claridad y también las blasfemias de los jóvenes deportistas que, además, entre cerveza y cerveza subían bastante su tono y el ánimo.

Entre la escuela de doña Rosario, jugar con sus amigas y corretear por el río, el tiempo había pasado para Ofelia, Bárbara y Camino. Ahora ya estaban en otro tiempo, aprender a coser, bordar... Ya estaban dispuestas para los grandes cambios que ellas esperaban que se produjeran.

CAPÍTULO 6

DON LUIS Y MATARROSA

Aquel día doce de octubre, festividad de la Virgen del Pilar del año 1961, don Luis oficiaría su primera misa como nuevo párroco del pueblo en Matarrosa del Sil, la misa mayor de las doce.

Cuando salió de su casa para dirigirse a la iglesia vio como una orquestilla hacía el pasacalle por el pueblo seguida de La Guardia Civil en primera fila. Era el día de su patrona y seguido de todos los niños y adultos del pueblo don Luis siguió su camino hacia la iglesia. Antes de llegar se detuvo un momento a observar el edificio y vio que necesitaba algunas reformas. Más tarde lo revisaría todo bien y marcaría las prioridades. Entró en el edificio. Quería empezar el oficio a su hora en punto.

Pasó a la sacristía donde le esperaban dos jovenzuelos. Eran sus monaguillos Manolo y Tomás. Tenían todo preparado. En el pueblo esperaban al nuevo sacerdote con curiosidad. Le ayudaron a vestirse y, a las doce en punto, hizo su aparición en el altar mayor. Los presentes en la iglesia se pusieron en pie y dio comienzo la ceremonia que fue transcurriendo con toda normalidad hasta que, justo en el momento en que don Luis levantó el cáliz para hacer la consagración, vio como entraban a la iglesia varios guardias civiles con sus uniformes de gala y también otras personas que los acompañaban. Apreció caras de sorpresa y vio como corrían precipitadamente y se sentaban en los primeros bancos, integrándose inmediatamente para seguir la ceremonia que ya estaba llegando a su fin. Cuando don Luis terminó la celebración de la misa salió de la sacristía donde le esperaban todas las autoridades para conocerlo y también para mostrarle su enfado porque no había esperado a empezar la misa una vez ellos hubieran llegado.

—Señores, la misa era a las doce y, por respeto a las personas que estaban en la iglesia se empieza a su hora —dijo don Luis.

Notaba la tensión en el grupo. Era un mal comienzo. Allí estaban todos las personas que tenían alguna autoridad, poder o propiedades en el pueblo. Incluso hubo uno que le amenazó con denunciarlo al obispado.

Don Luis pensó que era un pueblo pequeño y que la riqueza terrenal estaba en las minas de carbón y en la construcción del canal que ya estaba terminado. Allí no había grandes ricos, pero también pensó que las personas que acompañaban a la Guardia Civil, los que gestionaban un centro de falange local situado en la misma carretera, también eran los propietarios de negocios, tiendas de víveres donde se vendía desde unas zapatillas hasta un kilo de arroz o un metro de franela, bares donde se reunían los afines a jugar a las cartas o al dominó, el surtidor de gasolina al lado de la carretera, el cine, el estanco, la centralita telefónica que en aquellos tiempos era un instrumento muy importante para el control de las personas. Así lo comprobaría Don Luis tiempo después y se daría cuenta de que nada de lo que hacía o hablaba por teléfono pasaba desapercibido.

Don Luis pasó la semana oficiando sus misas y estudiando su entorno. Había decidido conocer sus pueblos, montañas y sobre todo a sus gentes. Todo lo que rodeaba Matarrosa era objeto de su observación. No quería que se le escapara nada relacionado con el pueblo que le había tocado en su pastorado.

El lunes, después de sus obligaciones, emprendió camino hacia la mina de Caleyo. Decidió llegar hasta la primera bocamina justo hasta donde estaba el Pozo Balanza.

Caminando por la carretera hasta llegar al final del pueblo encontraría un edificio a la izquierda, unas oficinas y también unas viviendas adosadas. Las ocupaban algunas personas relacionadas con las minas, los capataces o responsables. Algo así le habían explicado a don Luis cuando preguntó de qué manera podía llegar a Caleyo y le narraron toda la historia. Pero no se había quedado con la información, solo recordaba que le habían dicho que allí encontraría una pista de tierra y que ese era el camino.

Estaba bien situado, tenía claro el cruce. Comenzó su ascender, poco a poco, observando y caminando por aquella pista polvorienta e inclinada. Seguía el cauce de un riachuelo con sus curvas y sus rectas. Empezó a sudar y llegó a la conclusión de que no había elegido un buen horario. Octubre les estaba regalando unos días espléndidos y el sol calentaba. Al pasar por el antiguo cementerio se detuvo un instante y rezó por el descanso de las almas de los que allí reposaban para siempre.

Siguió pista arriba. Se cruzó por el camino con algunos mineros que terminado su turno regresaban a Matarrosa o a cualquiera de los pueblos de donde venían. Don Luis notaba que lo miraban con extrañeza, desconfianza o curiosidad. Debían pensar: ¿qué hace un cura caminando por esta pista?

Casi se le escapa una carcajada al ver la cara de un grupo de mineros que bajaba pista abajo, hablando y riendo y que pararon en seco al verlo caminando sudoroso y acalorado, por aquella empinada cuesta:

—Buenos días, vayan con Dios, —les dijo con una sonrisa.

—Buenos días, buenos días —contestaron ellos un poco sorprendidos.

¿Qué hacía un cura por aquel camino que le llevaba derecho a las minas? Seguro que estaba perdido. Ese fue el tema de conversación del grupo de jóvenes mineros camino a Matarrosa.

A pesar del calor y de la subida del camino don Luis se sentía feliz, inquieto, expectante y muy esperanzado. No sabía muy bien el porqué. La realidad era que no había empezado con buen pie su apostolado en el pueblo después de su primera misa el día del Pilar. Pero decidió dejar el pasado que no tenía solución y centrarse en el futuro. Su cabeza no paraba de dar vueltas, quería conocer la realidad del pueblo y de sus alrededores, conocer sus gentes, sus necesidades espirituales e intelectuales y sus inquietudes. Por fin llegó al primer plano de Caleyo. Era la primera bocamina, la entrada a la primera galería. Pertenecía a Antracitas de Gaiztarro S.A. Un poco más arriba estaban la segunda y la tercera y más arriba, ya casi al final de la montaña, estaba la cuarta. Estas bocaminas estaban comunicadas entre sí por la parte exterior a través de una vía estrecha por donde unas vagonetas sujetas por un cable de acero y llenas a tope llevaban el carbón desde el cuarto, el tercero, el segundo, hasta el primero. Las vagonetas, se cargaban en la jaula–montacargas y las bajaban hasta que se enganchaban a una máquina que arrastraba la carga hasta salir por la bocamina de Escandal y desde allí a Alinos donde lo echaban en una gran tolva. Una cinta transportadora lo dejaba a los lavaderos donde era lavado y seleccionado por tamaños. Este trabajo lo realizaban mujeres que trabajaban allí. Una vez hecho esto el carbón se cargaba en los trenes carboneros de La Minero que lo transportaban a Ponferrada, donde se distribuía llegando así a su destino final.

Interiormente, las minas eran como un hormiguero, estaban comunicadas por galerías, por rampas grandes o pequeñas, dependiendo del grosor de las vetas de carbón.

Don Luis se detuvo un instante para observar al grupo de hombres que trabajaban desenganchando y enganchando las vagonetas de la maniobra de Caleyo que bajaban a toda velocidad desde lo alto de la montaña cargadas de carbón. Con una pendiente tan pronunciada parecía una maniobra muy peligrosa. Podían descarrilar de las vías o romper el cable de la bobina que las sujetaba. En más de una ocasión se habían producido accidentes lesionando a los trabajadores.

Se fijó en el espacio. Era amplio, una explanada artificial, desplazando tierras y allanando el terreno. Allí estaba la entrada de la mina, lo que llamaban el primer plano de Caleyo. Y el pozo balanza, una enorme jaula que subía y bajaba las vagonetas de carbón que procedían de los otros planos de la mina. Un poco más lejos había un pequeño edificio donde estaban las duchas y algunas taquillas para los mineros. Aunque no había para todos y algunos debían dejar sus ropas y enseres colgados en unos clavos que llenaban una pared mientras trabajaban. Cerca se encontraba otro edificio, la lampistería, donde los candiles de carburo (y años más tarde las lámparas) quedaban almacenados y listos para el siguiente turno.

Los mineros se quedaron un poco sorprendidos al ver al nuevo párroco de Matarrosa allí en el primer plano de Caleyo. No eran hombres de iglesia, ni de oraciones. Su tiempo era para el trabajo y los bares. Desconfiaban de la presencia de aquel hombre acalorado y sudoroso que se acercaba a ellos con paso pausado pero firme.

Santiago, Antonio y Rogelio discutían y blasfemaban a gritos. Parecía que se iban a matar. Siempre tenían grandes altercados sobre la seguridad en el trabajo. Santiago y Antonio siempre se quejaban de la falta de medios, de los materiales (guantes y botas), del botiquín, del salario y de un listado de deficiencias que siempre salían a relucir en sus peleas, quejas y reivindicaciones y que habían aflorado, más si cabe, desde que empezaron a trabajar en la maniobra. No hacia ni un mes que a Manuel, un compañero veterano, le había quedado atrapada una mano entre dos vagonetas que bajaban a excesiva velocidad. Había perdido dos dedos de su mano derecha. Rogelio defendía al patrón, decía que no era su obligación, que los obreros eran unos imprudentes... Sus compañeros lo trataban de chivato y desconfiaban de él. En esta ocasión estaban discutiendo sobre lo peligroso que era sujetar las vagonetas antes de que parasen totalmente por el sistema de frenado. El resto del grupo eran hombres más curtidos por los años y el trabajo y su espíritu inconformista hacía años que habían desaparecido junto con su salud, después de muchos sufrimientos y decepciones.

Cuando los más jóvenes vieron a don Luis se sintieron molestos. Sabían de siempre la complicidad entre los poderes y la iglesia, así que sólo esperaban otra vuelta de tuerca por parte de aquel personaje. Pararon un momento su actividad para observar y con una actitud hostil miraron al cura que se aproximaba.

Él se acercó al grupo y después de saludar empezó a hacer preguntas sobre el trabajo. Era tanta su curiosidad y su ignorancia que el grupo de mineros se acercó y le dio todo tipo de respuestas y explicaciones hasta que el capataz que salía de la lampistería se acercó a toda prisa y se ofreció a dar respuesta a todas sus preguntas.

Ordenó a todos que volvieran a sus puestos de trabajo. Don Luis se dirigió a los mineros más jóvenes.

—¿Qué es lo que pasa con las vagonetas? —preguntó don Luis.

—No me diga que le interesa. ¿Desde cuándo un cura se preocupa por los problemas de los mineros? —contestó rápido Santiago.

Y se alejó caminando.

—Espero verte en misa el domingo. Bueno, a todos. —Y continuó preguntando:

—¿Y de qué localidades son los trabajadores de la mina? —preguntó al capataz que muy amable le sonreía.

—Puedo decirle que entre los distintos planos de aquí de Caleyo y teniendo en cuenta que son cuatro bocaminas las que están a pleno rendimiento son muchos los trabajadores que desarrollan aquí su actividad. Tenemos gente de: Toreno, Páramo, Santa Cruz, San Pedro Mallo, Santa Leocadia, Alinos, Tombrio, Langre, Fabero, Primou, Libran, Pardamaza, pero la mayor parte son de Matarrosa. Son muchas las personas que han venido de distintas partes de España. Pocos son los nativos de la zona.

Don Luis se despidió del capataz y de los mineros y emprendió el camino de regreso a Matarrosa.

Aquella noche no durmió bien, dio muchas vueltas a sus ideas, pero no se dejaría amedrentar por las circunstancias. Tenía que trazar un buen plan.

El martes por la mañana después de sus obligaciones y dentro de su plan de conocer el entorno y a sus gentes salió de su casa y se dirigió caminando a paso tranquilo hacia Peñadrada. Sabía que sería un paseo comparado con su subida a las minas del día anterior. Saludaba a todas las personas que se encontraba e intentaba entablar alguna conversación que le resultaba mucho más fácil con las mujeres. Los hombres eran más reacios, pero siempre respetuosos. Así dejo atrás la Casa Grande, la corrala del tío Elías, la huerta de Gloria y la casa de Chispún que había construido y reformado sobre la antigua casona ya en ruinas. Tenía una taberna en los bajos de la vivienda y a pesar de que hacía tiempo que levantó la obra, dando un piso más al edificio, durante un largo tiempo la dejo sin rebozar con los ladrillos vistos.

Don Luis pensó que a la vuelta se tomaría un café en la taberna de Chispún y así empezaría a conocer a los habitantes del pueblo en sus ámbitos naturales, en sus entornos, fuera de las misas y la iglesia. Según caminaba se dio cuenta que el canal de reciente construcción ya estaba terminado. Algunos obreros estaban dando los últimos toques y recogiendo herramientas y material antes de que al río Sil le subiera el caudal y tuvieran más dificultades para hacerlo. Ahora las obras habían llegando a su fin. Con su flota de burros y mulos y con sus serones cargados hasta los topes subían hasta lo alto de la montaña. Eran muchos los que habían venido expresamente con su recua de burros, dispuestos a transportar los materiales hasta lo alto de aquellas montañas. Las obras se habían desarrollado a buen ritmo y ya funcionaba a pleno rendimiento. La térmica de Santa Marina y la de Peñadrada eran el destino final de aquellos saltos de agua. Don Luis, caminando por aquella pista de tierra, observaba la gran altura de la montaña a su izquierda y a su derecha el río Sil y el molino donde se hacía la poca electricidad para el pueblo. Según caminaba veía un tren carbonero que con su ruido característico y su máquina de vapor, soltando una enorme humareda, hacía una pequeña parada en la estación. Veía también como el guardagujas empujaba con fuerza un enorme tubo que con habilidad conectaba a la máquina del tren carbonero y lo surtía de agua. Observaba como un grupo de chiquillos, con unos enormes cestos, recogían la carbonilla que el tren dejaba al aligerar sus calderas y algunas veces los maquinistas les tiraban alguna que otra briqueta (carbonilla prensada). Los chiquillos agradecían estos gestos con gran algarabía, ya que hasta que no tenían sus cestos o cubos llenos no regresaban a casa. Lo cotidiano era recoger la carbonilla de las vías del tren y meterla en sus recipientes. Aquel carbón en muchas ocasiones aún estaba ardiendo y llegaban a quemarse los dedos.

Don Luis se complacía con la vista de las casas del Treinta y Uno, con la carretera, con el caudal sonoro y alegre del río Sil que le acompañó hasta la vuelta de la curva donde divisó la central térmica y las casas del pequeño pueblo Peñadrada, iluminado por el sol con su color otoñal.

Pasó por en medio del pueblo y se acercó a los grandes tubos por los que bajaba el agua del canal para hacer funcionar las turbinas de la central eléctrica. El ruido era ensordecedor. En medio de los dos grandes tubos que bajaban desde la mitad de la montaña había una escalera. Don Luis, con paso ligero, emprendió la subida pero muy pronto se dio cuenta que era mejor tomarse el resto con más calma hasta terminar. Y así lo hizo, con más tranquilidad. Eran unas escaleras interminables o al menos eso le pareció a él. Exhausto y sin aliento llegó al final y enseguida se dio cuenta que había merecido la pena. Se sentó en el último escalón y se recreó viendo lo que le rodeaba. Desde esa altura tenía una situación de privilegio. Las grandes choperas, los olmos, las grandes montañas con sus prados y sus rebaños de vacas, el sonido de sus campanillos, el río Sil que recuperaba su caudal y alegre esparcía su fuerza. Al otro lado del río las vías del tren de La Minero, la carretera Villablino-Ponferrada, las últimas casas del Treinta y Uno y alguna que otra persona que se dirigía a sus quehaceres.

Respiró fuerte y dio gracias a Dios por aquel momento de paz.

Con el ruido del agua su corazón se llenó de ilusión y de empuje. Se le llenaron los ojos de lágrimas. Tenía que encontrar la forma de llegar a aquel pueblo.

Después de una hora, que fue lo que estuvo sentado en lo alto de la escalera, bajó tranquilo y se dirigió al caserío.

Saludó a todas las personas que encontró y se presentó a cada uno de ellos. Se interesó por sus problemas, por la salud de los mayores, por los niños y por la escuela. Regresaba a Matarrosa más satisfecho y contento que el día anterior. Atravesó el río por un paso que, debido a las obras del canal, habían hecho para la retención de agua y para poder encauzarla cuando estuviera terminado. La Taguia le llamaban. La caseta tenía una especie de garita de obra con grandes ventanales acristalados y estaba destinada a la vigilancia del caudal del río y a subir o bajar las compuertas del canal. Tenía algunos artilugios para medir y controlar el caudal de agua que, de nuevo entraba en el canal, después de salir de las turbinas de la central.

No era un paso para el público, pero a él, Miguel el operario le había dejado pasar. ¡De algo le servía la sotana! Cuando se encontró caminando dirección a la estación, por las vías del tren, se dio cuenta que el polvo del carbón se levantaba a cada paso que daba. Al llegar al Riarco se paró un momento para lavarse las manos y beber un poco de agua. El chorro abundante que salía de aquella fuente le salpicó los zapatos y el bajo de la sotana. Se sacudió un poco y reanudó el camino de regreso. Atravesó el pequeño prado lleno de hierbas secas y con una vereda bien definida que estaba bien remarcada por el caminar diario de las mujeres que vivían en el caserío de La Estación y que, con sus barreños en la cabeza, acudían a lavar sus ropas al Riarco o a buscar agua para sus casas con sus cubos de zinc.

Cuando llegó a la carretera, miró su reloj de pulsera y comprobó que disponía de tiempo antes de regresar a su casa. Así que emprendió el camino hacia las casas del Treinta y Uno. ¡Qué nombre más extraño para un caserío, porque allí no había treinta y una casas, serían como mucho veinte! Se cruzó con una mujer y con su hija, Cepriana y Guadalupe, que salían de una pequeña taberna de su propiedad y que le reconocieron.

—Buenos días padre ¿cómo está? —dijo la madre. Ya me enteré de su llegada. Usted me perdonará pero con la taberna tenemos mucho trabajo y no voy a la iglesia todo lo que quisiera. Somos muy cristianos pero con el trabajo es muy difícil. Mandaré a mi hija a misa todos los domingos. Se llama Guadalupe y es una niña muy buena.

Don Luis conversó unos minutos con las dos mujeres. Dejó que la joven le besara la mano. Era una costumbre antigua que no le gustaba nada y le hacía sentir muy incómodo, pero lo permitía con respeto ya que no quería ofender a nadie, aunque cuando cogía un poco de confianza pedía que no lo hicieran más.

—Está bien. Me alegro de conocerlas, espero verlas con frecuencia y poder ayudarlas en lo que precisen.

Después de despedirse se dedicó a observar las casas a ambos lados de la carretera. Había una pequeña tienda donde se vendía de todo un poco, la tienda de Mario, que solucionaba cualquier necesidad del vecindario y evitaba que los habitantes del Treinta y Uno tuvieran que ir hasta Matarrosa para hacer pequeñas compras. En un lado de la carretera vio un camino de tierra. En un pequeño trozo de madera vieja ponía: San Pedro Mallo, Villamartín y Santa Leocadia. Mirando el cartel se hizo el propósito de que tenía que visitar estos pueblos y pronto. Quería tener una idea clara de los habitantes de la zona, de los problemas de los mineros y sus familias.

Se despertó pronto. El sonido del río Sil llegaba claro. Se llenó de alegría, suspiró profundo y salió de la cama deprisa. Después de asearse y desayunar un poco salió a la calle. El suelo estaba mojado por el rocío pero el cielo estaba despejado y prometía ser un día muy interesante. Enseguida se encontró de frente con la plaza y sus edificios principales. La Iglesia y la vieja escuela que estaba compuesta de dos edificios, uno al lado del río casi detrás de iglesia y el otro frente a la misma donde se fotografiaban en sus escaleras tras las bodas todos los novios. Los tres edificios estaban casi en ruinas, pero el gran deterioro era más visible en este último, en la escuela y comedor de la misma. Algunos cristales estaban rotos, las escaleras laterales tenían sus escalones derruidos y a la barandilla le faltaba la mitad. No comprendía como los niños día tras día bajaban y subían y no tenían más caídas y accidentes.

Entró en la iglesia directo al confesionario. Tenía la sensación de que el tiempo no pasaba, tenía prisa por seguir con su exploración del entorno. Le gustaban los caminos, las trochas y las veredas.

Una vez terminados los servicios religiosos se dirigió a casa donde se cambió de calzado y salió de nuevo a la calle. Dejó atrás la casa grande, el estanco, la centralita de teléfonos y la droguería de Aniceto y llegó a la carretera con paso ligero tomando dirección a Villablino. Al final del puente una vereda subía por medio de unos castaños y aunque al principio era muy empinada una vez alcanzado el camino se suavizaba bastante.

Constantemente se paraba para disfrutar del paisaje. El camino le ofrecía estampas preciosas con una gran variedad de árboles, vaguadas llenas de robles, carballos, castaños, hayedos, abedules, alisos, serbales, acebos, retamas y brezos y algún que otro nogal.

Los preciosos colores le tenían impresionado, de verdes a amarillos en todas sus gamas hasta llegar a los rojos más intensos y acabando por el lila de los brezos. El paisaje que lo envolvía tenía absorbidos sus sentidos. Podía oler a musgo y a hierba mojada.

Llegó a San Pedro Mallo, cansado pero contento. El camino tenía una buena pendiente que puso a prueba sus piernas y resistencia, pero era un hombre joven y sano y se reponía con rapidez de los esfuerzos. Pronto se encontró delante del pilón y lavadero donde un chorro de agua caía produciendo un agradable sonido. Esa fue la razón por la que dos mujeres que, afanosas lavaban su ropa, no lo habían oído llegar y se sobresaltaron al notar su presencia justo al otro lado del lavadero.

—¡Oh! ¿Es usted el nuevo párroco de Matarrosa? —dijo una de ellas al verlo. Ya nos enteramos de su llegada. Me alegro mucho y sea bienvenido. Yo soy Concha y ella es mi hermana Rosario.

Las mujeres se secaron las manos con el delantal rodearon el pilón y se acercaron a don Luis. Muy solícitas lo acompañaron a ver la iglesia que estaba casi en ruinas. Dieron una pequeña vuelta por el pueblo y lo llevaron a ver la catarata de la que estaban muy orgullosas. A pesar de que había llovido muy poco y el verano fue muy seco, un chorro de agua caía verticalmente, formando un vapor que se veía a distancia, desde lo alto de la montaña. Un riachuelo se formaba y recorría el prado formando partes fangosas. A Rosario se le hundió un zapato y sólo consiguió sacarlo tirando con fuerza. Tanto Concha como Rosario, se interrumpían constantemente. Querían explicarle que allí, en aquel lugar, debajo de los castaños y en los prados de los alrededores, todos los años en las fiestas de San Pedro se hacía una romería muy bonita, venía gente de todos los pueblos de los alrededores cargados con sus cestos llenos de empanadas, tortilla de patatas, chorizos cocidos, pan y queso, para pasar todo el día. Por la mañana se oficiaba la Santa Misa y después las familias se dirigían al prado y, debajo de los castaños, tomaban posesión de los espacios que elegían para extender sus mantas en el suelo, poner las bebidas dentro del riachuelo a refrescar, sacar sus manteles y colocar todos los utensilios necesarios: cuchillos, tenedores, platos y finalmente la cacerola de porcelana donde traían la comida. Las dos hermanas hablaron y hablaron de sus fiestas. Le contaron que en la antigüedad, allá por los siglos IX-XII, había un monasterio allí cerca llamado Santa Leocadia de Castañeda, que aunque no estaban muy seguras le habían oído decir a sus abuelos que había desaparecido hacía muchos años. También le dijeron que mucho después empezó la explotación minera, cuando el carbón se sacaba con mulas y burros tirando de las vagonetas y que la vida cogió otros derroteros y la zona cambió mucho. Durante un buen rato comentaron otras muchas cosas. Finalmente le invitaron a un café en su casa. Él aceptó pero no quería entretenerse demasiado, así que pronto se despidió y les prometió que volvería pronto por el pueblo.

Emprendió camino dirección Villamartín. Dice un refrán: cuesta abajo todos los santos ayudan y eso pensó don Luis cuando se dio cuenta que a su alrededor revoloteaban varias abejas. En principio no se preocupó, pero viendo el aumento de los animalitos volando alrededor de su cabeza cruzó precipitadamente el camino y emprendió una pequeña carrera. Cuando se vio libre de sus acompañantes voladoras se relajó y recordó lo que Rosario y Concha le habían advertido:

—Padre, cuando baje hacia Villamartín esté atento. Justo al lado de los castaños están las colmenas. Usted no se altere, tranquilo, las abejas no pican, salvo que se vean alteradas. Son de una familia que viven en Matarrosa, me parece que se apellidan Fernández Solís. Las tienen por toda la zona y por los pueblos de los alrededores. Este sitio es bueno para las colmenas. Hay muchas flores, mucho brezo y romero, y la miel es buena. Aunque ya terminó el verano y las abejas están recogidas en la colmena con estos días tan buenos algunas todavía salen.

Llegó a Villamartín pronto. La bajada desde San Pedro se le hizo corta. Pronto se encontró con dos hombres que arrancaban unas berzas y repollos de una pequeña huerta. Cargaron todas las hortalizas al hombro y se incorporaron al camino junto a don Luis hasta llegar al pueblo. Miguel y Pedro, así se llamaban. Después del saludo y de las presentaciones empezaron a hablar de la mina. Ellos trabajaban en el turno de tarde, en la mina San Luis. Miguel empezó a quejarse de las malas condiciones en las que trabajaba.

—Ahora estamos extrayendo carbón de una rampa muy inclinada y para colmo nos topamos con aguas subterráneas. Sale agua por todas partes y el suelo es un torrente. Trabajamos medio tumbados. La rampa es muy baja y postear resulta difícil, así que estamos mojados toda la jornada. Yo sufro de los bronquios y lo estoy pasando mal.

Pedro intentó enseguida cambiar de conversación y don Luis se dio cuenta de que desconfiaba de él. No quiso forzar la charla y les dijo:

—Os invito a un chato de vino. ¿Supongo que habrá alguna taberna en el pueblo?

—Claro que tenemos tabernas. Pero, perdone padre, ¡yo pensaba que los curas no entraban en los bares! —contestó Pedro.

—Jeje... espero que no me lo censuréis.

Tomaron unos vinos y hablaron con franqueza pero también con prudencia. Acabaron hablando de fútbol con gran pasión y a la discusión se unieron otros hombres que estaban allí. Comprobó que el Barcelona CF tenía muchos seguidores en Villamartín y supo también que los domingos se reunían a escuchar los partidos por la radio y una vez al año hacían una fiesta, una gran comida cerca del pueblo, debajo de unos castaños. Participaba toda la familia, así los niños corrían y jugaban por todo el soto mientras que las mujeres organizaban las mesas. Venían forofos de otros pueblos de los alrededores. Se asaban unos corderos al fuego que pagaban entre todos a partes iguales. Miguel y Pedro, después de explicar las excelencias de la fiesta del Barcelona CF, quedaron en que le avisarían para que participara en la próxima.

Se despidieron, se les había hecho tarde y tenían prisa para comer e ir a la mina.

Rodeado de robles, castaños y monte bajo, empezó a caminar dirección a Santa Leocadia.

Don Luis se encontraba junto al gran pilón donde un gran chorro de agua salía con fuerza salpicando todos los helechos que crecían frondosos a su alrededor. Puso sus manos juntas bajo el chorro y las llenó de agua que se llevó a la boca para beber. Después se las pasó por la cara y el cuello quitándose antes el alzacuello y habiendo abierto un poco los botones superiores de la sotana. Descansaba sentado en las piedras del borde de la fuente. Se sentía feliz, lleno de paz y a la vez de mucha inquietud e incertidumbre.

Veía como unos obreros trabajaban en una obra de dos plantas. Se acercó y habló con ellos. Le explicaron que construían una escuela y la vivienda del maestro.

Con paso tranquilo y observando todo el entorno se dirigió a la iglesia que tenía su campanario casi derruido y grietas en las paredes del edificio principal. Entró en el templo sintiendo un leve estremecimiento. Muy despacio se acercó al altar mayor, se arrodilló y oró con total recogimiento pidiendo ayuda para desenvolver con acierto y amor su postulado en su nueva parroquia.

No sabía el tiempo que estuvo allí. Se sobresaltó al escuchar unos pasos precipitados a su espalda. Era la señora Agripina que venía a cambiar el agua a las flores del altar.

Se saludaron y se presentaron. Salieron juntos de la iglesia y comentaron el mal estado del edificio. Ya fuera del templo, don Luis se asomó a unas grietas en una de las paredes y se quedó impresionado y sorprendido con lo que vio a través del hueco: calaveras y huesos humanos en gran cantidad.

—¿Pero estos restos humanos cómo es que están aquí a la vista de todas las personas? Dígame Agripina ¿qué sabe usted? —preguntó a la mujer.

Agripina sonreía viendo lo impresionado que estaba el sacerdote y contestó tranquila, como si estuviera hablando de las cosas cotidianas de la vida.

—Yo recuerdo de toda la vida esos restos humanos en ese hueco. Y le digo la verdad, no sabría decirle bien. Pueden ser restos del cementerio. Unos dicen que son restos de los frailes de un monasterio

que había cerca de aquí, por los siglos IX-XII (Santa Leocadia de Castañeda). Pero mi padre ya me hablaba del monasterio y de su importancia en la zona en aquellos tiempos. Por entonces las minas todavía eran muy difíciles de explotar, lo hacían con bueyes y mulas en la otra parte de la montaña, al otro lado del río, donde las montañas son tan altas. De todas formas cuando mi padre me contaba esas cosas yo no le prestaba demasiada atención. Él era un hombre muy culto, sabía y le gustaba leer y escribir y tenía sus libros. Siempre me explicaba muchas cosas y ahora me arrepiento de no haberle prestado mucha atención. Luego durante la guerra quemaron todos sus libros. Yo me dedique a cuidar de mi familia. Siento no poder decirle nada más concreto. Pero usted puede investigar en los documentos de las iglesias de la zona.

—Muchas gracias Agripina por su amabilidad. Espero verla pronto por Matarrosa. De todas formas yo subiré por Santa Leocadia con regularidad.

Don Luis agradeció sus palabras y siguieron hablando un rato, pero el mediodía y la hora de la comida hizo que se despidieran y cada uno siguió su camino.

Caminaba por la pista de tierra de regreso a Matarrosa. A pesar del sobresalto que había tenido con la visión de las calaveras y de los huesos humanos estaba tranquilo. A cada paso disfrutaba del entorno, el otoño le ofrecía colores y olores que sus sentidos agradecían. Robles, encinas, madroñeras y retamas, enormes castaños centenarios, brezos y algunas zarzas que se enganchaban a su sotana provocándole algún que otro tirón. Disfrutaba de la visión privilegiada, tenía ante sí el valle, el río y la vegetación que todo lo envolvía, el molino y las huertas, Matarrosa al fondo, las montañas altas y huecas llenas de galerías, rampas y pozos, donde las vetas de carbón cada día estaban más vacías.

Sentía el paisaje. Todo lo que se ofrecía ante sus ojos estaba lleno de belleza, de equilibrio, de armonía y de proporción. No tenía mesura. Se estaba quedando prendado de esas tierras.

Le parecía irreal que debajo de aquellas preciosas montañas que tenía enfrente se trabajara tan duro, con tanto sufrimiento y con un peligro tan real. Por un lado los derrumbes que se sucedían bastante a menudo y por otro el polvo maldito que aquellos hombres respiraban durante tantas horas y que poco a poco se posaba en sus pulmones hasta terminar con sus vidas con grandes padecimientos.

No le extrañaba que los habitantes de la zona, por lo que había visto hasta el momento, fueran hoscos, duros y rudos en general. Intuía que sólo era una apariencia y que las minas los tenían embrutecidos. Pero tenía la seguridad que era un pueblo con gente muy noble, luchadora, como la tierra en barbecho a la espera de la siembra. Ahora tenía que encontrar la forma de llegar a sus corazones.

Se levantó temprano, había pasado una semana muy intensa y llena de contrastes. Había conocido a mucha gente, había disfrutado del paisaje y lo más importante, su cabeza no dejaba de dar vueltas y todavía no sabía de qué manera debía enfocar la homilía del domingo. Durante toda la noche dio mil vueltas en la cama y no descansó bien.

Entró en su despacho, una pequeña habitación donde recibía a los feligreses y organizaba sus papeles. Vio su guitarra apoyada en la pared. Sin pensarlo dos veces la sacó de su funda y empezó a tocar suavemente. De repente lo tuvo claro, eso es... cantaría su canción preferida. La que escribió con tanto amor.

Hacía meses que no escribía nada, pero estaba decidido a seguir expresando en sus canciones su sentir. Ya tenía un amplio repertorio.

El domingo en misa de doce acompañado de su guitarra, antes de la consagración ofrecería a todos sus feligreses su canción preferida: *Y por eso lo mataron*. Empezó a ensayar de nuevo aunque no hiciera falta. La sentía dentro de su corazón y siempre la cantaba de manera diferente pero siempre maravillosa. Los acordes sonaban suaves y dulces, llenos de matices y a la vez duros desgarros llenos de dolor, como la misma canción.

En su cuaderno tomaba notas, corregía acordes y apuntaba: Libre, libre quiero ser libre.

Estaba decidido, cantaría antes de la consagración *Y por eso lo mataron* y al final del oficio cantaría *Libre*. Posó la guitarra en una silla próxima. Se acercó a la mesa del escritorio y empezó a escribir el sermón de la misa del domingo.

A las once cuarenta y cinco la iglesia estaba a rebosar. En los primeros bancos estaban las personas más influyentes: la Guardia Civil, los maestros del pueblo, los responsables de la falange, los dueños de las tiendas de ultramarinos y también aquellas familias que habían poblado el valle y que se habían posicionado con los ganadores durante la Guerra Civil. En los demás bancos se sentaban el resto de los habitantes de Matarrosa. Don Luis no tenía muy claro si era porque todos eran muy católicos practicantes o se debía sólo a la curiosidad de ver al nuevo párroco. Estaba pues muy atento, y más después de la experiencia de su primera misa el día del Pilar, a la reacción de sus feligreses. La misa se desarrolló con normalidad hasta que don Luis sacó su guitarra, su cuaderno de pentagramas y empezó a rasgar las cuerdas con suavidad y ante un aforo sorprendido y expectante, cantó con el corazón y el alma *Y por eso lo mataron*.

Unas lágrimas estuvieron a punto de escapar de sus ojos. Pero lo que él no sabía es que fueron muchas las personas que aquel día salieron de misa de doce con un nudo en la garganta.

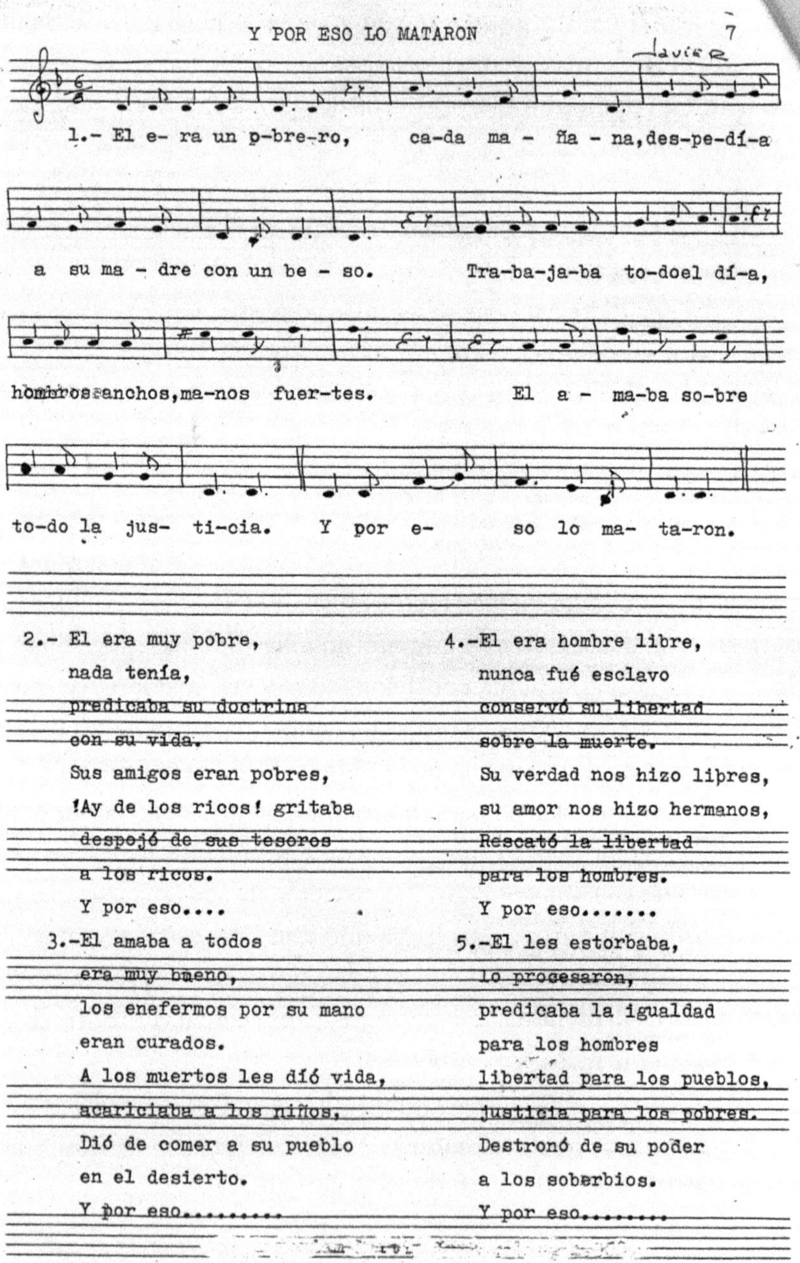

Y POR ESO LO MATARON 7

Javier

1.- El e- ra un o-bre-ro, ca-da ma - ña - na, des-pe-dí-a

a su ma - dre con un be - so. Tra-ba-ja-ba to-doel dí-a,

hombros anchos, ma-nos fuer-tes. El a - ma-ba so-bre

to-do la jus- ti-cia. Y por e- so lo ma- ta-ron.

2.- El era muy pobre,
nada tenía,
predicaba su doctrina
con su vida.
Sus amigos eran pobres,
¡Ay de los ricos! gritaba
despojó de sus tesoros
a los ricos.
Y por eso....

3.-El amaba a todos
era muy bueno,
los enefermos por su mano
eran curados.
A los muertos les dió vida,
acariciaba a los niños,
Dió de comer a su pueblo
en el desierto.
Y por eso.........

4.-El era hombre libre,
nunca fué esclavo
conservó su libertad
sobre la muerte.
Su verdad nos hizo libres,
su amor nos hizo hermanos,
Rescató la libertad
para los hombres.
Y por eso.......

5.-El les estorbaba,
lo procesaron,
predicaba la igualdad
para los hombres
libertad para los pueblos,
justicia para los pobres.
Destronó de su poder
a los soberbios.
Y por eso........

4
LIBRE
Javier
Li-bre, li-bre, li-bre, li-bre!
•1.- Yo he na-ci-do li-bre,
•2.- Yo he na-ci-do li-bre,
de-jad-me pen-sar, soy u-na per-so-na, ten-go li-ber-tad.
yo pue-do o-pi-nar, o-dio la men-ti-ra, a-mo la ver-dad.
•3.- Quie-ro ser yo mis-mo, yo quie-ro vi-vir, lo bue-no y lo jus-to,
•4.- No quie-ro, no quie-ro que pien-sen por mí, no pue-do, no pue-do
yo quie-ro e-le-gir.
al "no" de-cir "sí".
•5.- El pue-blo es cons-cien-te de su dig-ni-dad,
•6.- Bas-ta de a-me-na-zas, bas-ta de men-tir,
es el res-pon-sa-ble de la so-cie-dad.
al pue-blo que pien-sa di-ga su sen-tir.

-7-

Y POR ESO LO MATARON

1.- El era un obrero,
cada mañana
despedía a su madre con un beso.
TRabajaba todo el día,
hombros anchos,
manos fuertes.
El amaba sobre todo la Justicia.
Y por eso lo mataron.
2.- El era muy pobre,
nada tenía.
Predicaba su doctrina con su vida.
Sus amigos eran pobres.
¡Ay, de lo s ricos!, gritaba.
Despojó de sus tesoros a los ricos.
Y por eso lo mataron.
3.- El amaba a todos.
Era muy bueno.
Los enfermos por su mano eran curados.
A los muertos les dió vida.
Acariciaba a los niños.
Dió de comer a su pueblo en el desierto.
Y por eso lo mataron.
4.- El era hombre libre.
NUnca fué esclavo.
Conservó su libertad sobre la muerte.
Su verdad nos hizo libres,
su amor nos hizo hermanos.
Rescató la libertad para los hombres.
Y por eso lo mataron.
5.- El les estorbaba,
lo procesaron.
Predicaba la igualdad para los hombres,
Libertad para los pueblos,
justicia para los pobres.
Destronó de su poder a los soberbios.
Y por eso lo mataron.

-4-

¡LIBRE!

¡Libre!, ¡Libre!, ¡Libre!
1.- Yo he nacido libre,
dejadme pensar,
soy una persona,
tengo libertad.
2.- Yo he nacido libre,
yo puedo opinar,
odio la mentira,
amo la verdad.

¡Libre! ¡Libre! ¡Libre!

3.- Quiero ser yo mismo,
yo quiero vivir,
lo bueno y lo justo
quiero yo elegir.
4.- No quiero, no quiero,
que piensen por mí.
No puedo, no puedo,
al "no" decir "sí".

¡Libre! ¡Libre! ¡Libre!

5.- El pueblo es consciente
de su dignidad,
es el responsable
de la sociedad.
6.- Basta de amenazas,
basta de mentir,
el Pueblo que piensa
diga su sentir.

¡Libre! ¡Libre! ¡Libre!

CAPÍTULO 7

EL LOCAL DE CHISPÚN

Don Luis analizaba todo lo conseguido en los últimos tiempos. Se produjo un cambio muy importante en todo el pueblo con la llegada del nuevo párroco aquel otoño de 1961.

La idea había tomado forma: cursillos de formación para los jóvenes, pedir ayuda a los parroquianos para arreglar la iglesia. Y eso sólo para empezar.

Don Luis, como todos lo llamaban, era una persona muy diferente a su antecesor y pronto, algunos sectores del pueblo, se dieron cuenta de ello.

Las obras de la iglesia se realizaron con la ayuda de un grupo de voluntarios que a ratos libres y después del trabajo dedicaban su tiempo libre a restaurarla. Taparon todas las grietas y arreglaron el tejado. Un día estaban trabajando en el destapado tejado donde el agua caía por las paredes porque no cesaba de llover y los santos estaban tapados con plásticos para evitar mojarse. El grupo de aburridos trabajadores esperaba que cesara la lluvia y Alejandro, ante la mirada curiosa de sus compañeros se dirigió donde estaban los santos, con cuidado retiró el plástico de encima de la estatua de San Miguel Arcángel, lo cogió en brazos y se dirigió a la calle donde puso la imagen, en el hueco de una escalera de unas cuadras que había allí al lado de la iglesia y, a continuación, dirigió al santo unas palabras muy decidido:

—Tú verás... Mientras no pare de llover te quedarás en la calle y no te entraré a tu casa.

El grupo se puso a reír por la ocurrencia, pero al momento dejo de llover y todos siguieron trabajando contentos de poder aprovechar el tiempo. Las obras siguieron y poco a poco cambiaron la entrada. La iglesia estaba compuesta de una nave de forma rectangular. La entrada principal estaba originalmente en uno de los lados pero con la restauración la trasladaron al fondo, así cuando entraban los feligreses encontraban toda la nave de frente y el altar mayor con San Miguel Arcángel.

El hecho de que la iglesia se restaurara con los donativos de las personas del pueblo, de los comerciantes y como último recurso del obispado de Astorga que pagó las catorce mil pesetas de materiales a un almacén de Ponferrada, daba una independencia económica que no estaba bien vista por las autoridades competentes, ya que se hacía sin contar con la ayuda de ciertos habitantes de Matarrosa y se estaban resolviendo las necesidades de la iglesia por su cuenta. Esto le costaría más de un disgusto al nuevo párroco, ya que poco a poco fueron muchos los ojos que estaban vigilando sus movimientos.

Don Luis alquiló un pequeño local. Era el antiguo bar de Chispún que hacía tiempo que estaba cerrado. Estaba situado hacia la salida del pueblo, en el camino de Peñadrada. Era un bajo sin casi ningún mobiliario, ni decoración. Tenía una estufa de hierro forjado, unas cuantas sillas colocadas alrededor y alguna mesa que quedó de cuando el bar estaba abierto. El lugar era amplio, tenía en una esquina una especie de mostrador o barra de bar muy rudimentaria y cuatro paredes peladas.

Poco a poco los clientes traían de sus casas pequeños muebles y utensilios necesarios como estanterías para los libros, mesas, sillas y con el tiempo también estaría lleno de carteles y rótulos, calendarios e información sobre las actividades en proyecto, fotos, pósters y todo tipo de cosas que aportaban los jóvenes y mayores del Centro Parroquial. En principio el local se estreno para hacer unos cursillos que organizaban la HOAC y la JOC.

Así, en octubre del año 1963, llegaron las primeras charlas, conferencias y debates. Los temas eran de todo tipo: familia, religión, salud, nutrición, sexualidad, literatura, teatro. Naturalmente todo dentro de la mirada de la iglesia, pero con un aire nuevo y liberal que muy pronto empezó a germinar en los jóvenes del pueblo.

Una gran novedad fue el día que don Luis se presentó en el local cargando una televisión que consiguió comprar de segunda mano y a un precio muy asequible en la tienda de Valentín. La instalación fue sencilla. La televisión era un artículo de lujo y muy pocos hogares disponían de un aparato. Sólo en algunos bares disponían de aquella caja emisora de imágenes en blanco y negro donde ver los partidos de fútbol y un programa de folklore nacional *Coros y Danzas*, que era muy popular. Pero el objetivo de la televisión en el centro estaba destinada a los más pequeños. Los domingos se juntaban allí muchos niños a mirar aquel programa que tanto les gustaba, donde Valentina , e l Capitán-Tan y el Tío Aquiles les entusiasmaban con sus canciones y aventuras. Eran muchos los niños que los domingos pasaban unas horas viendo la televisión en el Centro Social.

Otro de los éxitos más importantes de las actividades que se desarrollaban en el centro fue el préstamo y la venta de libros de la editorial ZYX. Algunas personas los traían de sus casas y los dejaban para la pequeña biblioteca. Había un buen surtido de libros. Los interesados organizaban debates sobre los contenidos. Esto despertaba en los jóvenes conciencias y reflexiones y les daba un punto de vista de la vida mucho más crítico. Confirmando las intuiciones de don Luis muchos de los jóvenes del pueblo eran personas muy inteligentes y estaban empeñados en el desarrollo del pueblo y con esto crecía la conciencia social. Las actividades cada vez eran más comprometidas y hacían una fuerte competencia al local del Frente de Juventudes que estaba situado en la carretera, donde acudían algunos jóvenes muy concretos, de familias muy concretas y desde donde se organizaban campamentos de verano, juegos de mesa, de ping-pong, etc...

¡**LIBRE!**

¡Libre!, ¡Libre!, ¡Libre!

1.- Yo he nacido libre,
dejadme pensar,
soy una persona,
tengo libertad.
2.- Yo he nacido libre,
yo puedo opinar,
odio la mentira,
amo la verdad.

¡Libre! ¡Libre! ¡Libre!

3.- Quiero ser yo mismo,
yo quiero vivir,
lo bueno y lo justo
quiero yo elegir.
4.- No quiero, no quiero,
que piensen por mí.
No puedo, no puedo,
al "no" decir "sí".

¡Libre! ¡Libre! ¡Libre!

4
LIBRE
Javier
Li-bre, li-bre, li-bre, li-bre!
1.- Yo he na-ci-do li-bre,
2.- Yo he na-ci-do li-bre,
de-jad-me pen-sar, soy u-na per-so-na, ten-go li-ber-tad.
yo pue-do o-pi-nar, o-dio la men-ti-ra, a-mo la ver-dad.
3.- Quie-ro ser yo mis-mo, yo quie-ro vi-vir, lo bue-no y lo jus-to,
4.- No quie-ro, no quie-ro que pien-sen por mí, no pue-do, no pue-do
yo quie-ro e-le-gir.
al "no" de-cir "sí".
5.- El pue-blo es cons-cien-te de su dig-ni-dad,
6.- Bas-ta de a-me-na-zas, bas-ta de men-tir,
es el res-pon-sa-ble de la so-cie-dad.
el pue-blo que pien-sa di-ga su sen-tir.

CAPÍTULO 8

LA VIDA SE COMPLICA

La vida de Ofelia y de todas sus amigas adolescentes estaba dando un cambio. En el centro se reunía con amigas, allí le prestaban libros, debatían de cine o teatro y se hacían fiestas tradicionales. En la estufa de hierro forjado que estaba en medio del local se asaban las castañas y don Luis enseñaba a tocar la guitarra a todos los que tenían interés.

Guadalupe siempre que podía bajaba al pueblo desde el Treinta y Uno que era donde vivía. Con su guitarra a cuestas aprendía con mucho interés como don Luis le enseñaba a acompañarse con los acordes de su guitarra mientras cantaba. Todos la escuchaban con admiración dedicándole una explosión de aplausos siempre que terminaba una de sus canciones.

El objetivo del párroco era atraer sobre todo a la juventud. No se conformaba con que a sus misas sólo asistieran las cuatro beatas del pueblo. En el tiempo que llevaba en Matarrosa ya había quedado claro cuáles eran sus intenciones y sus objetivos empezaban a dar sus frutos.

Se sintió muy feliz cuando le dieron permiso para alquilar el antiguo bar de Chispún. El local estaba desastroso, pero una buena mano de pintura lo dejaría perfecto, era espacioso y pensaba sacarle mucho partido.

El centro se convirtió en lugar de referencia. Allí se desarrollaban conferencias, se prestaban e intercambiaban libros, se daban charlas religiosas y de otros temas, se hacía teatro, ballet, se tocaba la guitarra, se organizaban excursiones y todo tipo de salidas a los pueblos vecinos, se celebraban fiestas tradicionales, se jugaba al ajedrez, al parchís. Todo eso se hacía en los pocos ratos libres que quedaban, ya que casi siempre se estaba haciendo alguna actividad programada.

Una tarde que los chicos ensayaban con sus guitarras en el Centro Parroquial, llegó don Luis y todos se dieron cuenta de su cara de preocupación.

—¿Qué pasa? ¿Don Luis diga? —dijo Santiago.

—En primer lugar no quiero que os preocupéis, pero tengo algunos problemas que espero resolver. Problemas, problemas, problemas.

—¡Eso! Les plantaremos cara. No nos dejaremos amedrentar —dijo Santiago.

—Y ahora quiero explicar qué problemas son. Hay una denuncia contra el Centro Social que ha interpuesto alguien de Matarrosa. En realidad mañana tengo que hablar con el obispo. Le explicaré el funcionamiento del centro y espero que me comprenda y me apoye. Tengo que decir que siempre comprendió y entendió mis decisiones. Ésta es una copia de la carta que el Gobernador Civil de León le remitió al Obispo de Astorga.

Sacó del bolsillo de su sotana unos folios doblados, acercó una silla a la estufa y empezó a leer en voz alta:

Desde los primeros días del mes actual ha sido abierto un establecimiento de bebidas en el pueblo de Matarrosa del Sil, en esta provincia, el cual es regentado por un miembro perteneciente a la JOAC (Juventudes Obreras de Acción Católica) y cuyo presidente y administrador es el sacerdote de la localidad don Luis... En dicho local se despachan bebidas de las más corrientes sólo y exclusivamente para los pertenecientes a dicha organización, teniendo por norma, según informes recogidos, que el cliente efectúa la consumición que le interesa y él mismo deposita el importe de la misma en una caja.

Pertenecen hasta la fecha a la citada organización, personas casi en su totalidad de ideología izquierdista, algunos de ellos clasificados como PELIGROSOS POLÍTICOS y otros habituales a la embriaguez y al escándalo, sin que falten tampoco los que más destacaron en el pasado por conflictos huelguísticos, ocurridos en la cuenca minera y siendo negada, sin embargo la entrada a dicho establecimiento, a personas de orden y de ideología derechista.

El citado sacerdote se reúne a diario, tanto de día como de noche, aconsejando sobre problemas laborales o de otro tipo y siempre utilizando elementos de izquierdas, tanto en el local, como en su casa o en la calle. Podemos nombrar recientemente el suceso acaecido al ser despedidas seis obreras y un obrero de la mina San Luis, en Ocejo S.A., hechos ocurridos los días 7 y 8 del mes actual y de los que ya tiene conocimiento la autoridad.

Parece ser que en sus sermones de los domingos en la iglesia el repetido sacerdote, habla claramente sobre temas de tipo laboral y se le observa gran inclinación hacia los partidos de izquierdas, hasta el extremo que las personas de orden y de ideología derechista han llegado a manifestar que más bien salían de un centro comunista que de oír la santa misa.

—Como podéis ver tenemos enemigos. Y creo que esto sólo acaba de empezar. También ha salido algún que otro reportaje en algunas publicaciones, con muy mala idea. Me tachan de comunista y revolucionario y eso solo serán problemas, muchos problemas —dijo don Luis.

Y así fue... Las dificultades, amenazas, denuncias, el control de la correspondencia y escuchas en sus llamadas telefónicas, llenaban su día a día. Pero su sentido del deber, su compromiso con la juventud y el pueblo, no le permitían dar un paso atrás. 9. Recitales y viajes

CAPÍTULO 9

RECITALES Y VIAJES

Aquel día cuando llegaron a Matarrosa los dos frailes de la orden de los Paulinos, don Luis los recibió en su casa con su acostumbrada hospitalidad. Viajaban por los pueblos buscando jóvenes con vocación para que se unieran a su orden.

Después de la cena, en la tertulia de la sobremesa, don Luis les propuso que escucharan unas canciones que él mismo había compuesto pidiéndoles su opinión sobre las mismas.

Cogió su guitarra, la tanteó un poco y entonó su última creación *¡Ya vienen los segadores!* La canción tenía un alegre estribillo y aunque todavía faltaba terminarla le interesaba la opinión de aquellos dos hombres. Eran personas entendidas, de gran cultura, sobre todo musical, así que se arriesgó con una canción nueva. Cuando terminó se produjo un silencio que a don Luis le pareció muy largo. Cuando hablaron lo hicieron para alabar su canción diciéndole que les había parecido maravillosa y de un gran sentido cristiano. La sobremesa se alargó y don Luis cantó todo su repertorio. Aquella noche hablaron de muchas cosas. Le propusieron grabar un disco en el estudio de la orden.

Aquella primavera de 1966 salió a la luz su primer disco titulado: *Y por eso lo mataron*. En la cara A del vinilo se grabó la canción con el mismo nombre y en la cara B se grabó *¡Ya vienen los segadores!*

Gracias a la colaboración de la HOAC, la JOC y la editorial ZYX sus canciones se empezaron a conocer en otros ámbitos y sus recitales gozaban de reconocimiento y prestigio, a pesar que siempre se desarrollaban en locales privados pertenecientes a la iglesia o en centros culturales. En el extranjero, el lugar más extraño donde actuó fue en Berna, en unos barracones de una zona industrial que pertenecían a unas fábricas. Allí había muchos españoles que trabajaban. En esta ocasión contó con la ayuda de Bernardino, un cura asturiano, que vigilaba que no viniera la policía mientras que él cantaba. No se hacía propaganda, el boca a boca era la única promoción de los conciertos.

Estos viajes hacían que don Luis conviviera con personas de otras culturas y que disfrutara de la libertad democrática que se vivía en Europa y que, en España, no teníamos.

Él cantaba sus canciones con amor y sentimiento. Los viajes le llenaban emocionalmente. Cantara donde cantara siempre sentía una gran satisfacción. En los debates que siempre seguían a los conciertos, tanto en España como en el extranjero, él sentía que expresaba, que compartía y que había una comunicación total con su público.

Don Luis empezó a hacer pequeñas giras, dando recitales. Suiza, Alemania, Holanda y Bélgica eran los países a los que viajaba con más frecuencia y también a distintas ciudades españolas. Había mucha participación y disfrutaba debatiendo las letras de sus canciones y viendo como los jóvenes les daban mil matices a las cosas. Agradecía a las personas comprometidas y luchadoras que encontraba en su camino y sufría porque en España, las cosas fueran tan complicadas. Sentía una gran frustración por la falta de libertad.

Sabía que en Matarrosa lo vigilaban. Sabía que escuchaban sus conversaciones telefónicas. Sabía que a cada paso que daba informaban al Gobernador Civil de León. Cuando tenía que viajar para hacer algún recital, que era bastante a menudo, se escondía en la parte de atrás del coche de su amigo y subía al tren en Bembibre. De esa manera conseguía dar esquinazo a sus vigilantes. Pero sus perseguidores también aprendieron a vigilar más de cerca. Lo pudo comprobar en aquella ocasión que regresaba de dar un concierto en Valencia acompañado en coche por su amigo Andrés. De regreso, muy cerca de Astorga y cansados del viaje, que duró todo el día, donde sólo se habían detenido lo justo para comer un bocadillo, de repente les adelantó un coche, cruzándose delante de ellos y obligándolos a parar bruscamente. Salieron dos personas que con metralleta en la mano pegaron unos tiros al aire. El sobresalto fue muy grande, se quedaron paralizados. Andrés y don Luis se mantenían de pie al lado del coche. No tenían claras las intenciones que tenían aquellas personas. Eran policías que vestían de paisano así que dedujeron que eran de la secreta de Ponferrada, por los que era vigilado habitualmente, aunque tampoco estaban seguros. No dejaron de apuntarles con la metralleta en ningún momento. Era de noche y todo estaba oscuro, solo las luces de los dos coches alumbraban un poco la carretera. Cuando los policías se identificaron, ellos tenían un tembleque que casi no podían disimular.

Pero, casualidades de la vida, otro coche que pasaba paró pensando que había ocurrido un accidente o que necesitaban ayuda. Eran unos vecinos de Corbón que conocían a don Luis. Enseguida preguntaron si tenían algún problema o si necesitaban ayuda. Ante aquellos inesperados testigos la policía dijo:

—*Esta vez pueden irse. La próxima vez ya hablaremos.*

De inmediato subieron al coche y prosiguieron el camino. Se mantuvieron en silencio durante un buen rato, pero de repente Andrés dijo:

—Don Luis yo ya he visto antes ese coche. Ahora que lo pienso nos ha estado siguiendo todo el tiempo. Cuando llegamos a Valencia y paramos a preguntar por la parroquia los vi parados cerca de nosotros. Y también cuando terminamos el recital estaban aparcados muy cerca de nuestro coche. No pensé que fuera la secreta, pero ahora atando cabos es lo que se me ocurre.

Los dos estaban impresionados al ver tan de cerca las armas apuntándoles. Durante el resto del camino se mantuvieron en silencio. Cuando Andrés paró el coche en Matarrosa delante de la casa de don Luis todavía les temblaban las piernas.

Algunos días después, don Luis en su despacho repasaba un expediente, el papeleo para celebrar la boda de Gloria y Miguel cuando llamaron a su puerta. Él mismo fue a abrir y se encontró con dos hombres que se identificaron como policías. Traían una orden del Gobernador de León y le pidieron que les entregara su pasaporte. Así lo hizo, metiéndolo en un sobre blanco. Antes de irse le dijeron que estuviera localizable y que tuviera mucho cuidado con lo que hacía, ya que no le perdían de vista.

Los policías le trataron con bastante dureza. Bien diferente era el trato con la Guardia Civil del pueblo, que siempre le había tratado con más respeto.

Ya sólo le quedaba un concierto de los que tenía comprometidos. Era en Yecla (Murcia), pero tal y como estaban las cosas estaba preocupado.

A las tres de la madrugada Andrés paraba el coche en la puerta de la iglesia de Matarrosa. Habían decidido hacerlo así por si tenían vigilada la casa. Don Luis, entró en el coche y se agachó en el asiento trasero, mientras Andrés puso el coche en marcha y sin acelerones, procurando hacer el menos ruido posible, salió de Matarrosa por la salida que conectaba con la carretera a las afueras junto al cruce de Caleyo. Así evitarían pasar por la puerta del cuartel.

Tuvieron un viaje sin incidentes. Hablaron mucho de lo sucedido a su regreso del concierto de Valencia y especularon sobre quienes serían las personas que informaban desde Matarrosa. Estaba comprobado que desde la centralita controlaban el teléfono, aunque él ya tomaba precauciones, pero ¿quién le vigilaba?

Llegaron a Yecla justo para el concierto. Estaban aparcando cuando llegó el párroco corriendo y les dijo:

—Marcharos rápido. La policía ha estado todo el día por aquí esperando que llegarais. Marcharos, marcharos.

Pusieron el coche en marcha y regresaron a Matarrosa.

(1)

-1-

LIBERTAD

No, yo no puedo vivir con la mentira.
No, yo no puedo callar con la verdad.
La justicia del mundo es fantasía,
es el hambre y las guerras realidad.
Las riquezas y el poder son tiranía,
las palabras y promesas no dan pan.
Epulón al pobre Lázaro, esclaviza,
y le priva de la humana libertad.
1.- Cuando un hombre pasa hambre,
prefiere guerra y no paz,
pues la paz ya lo dió todo
y la guerra puede dar.
2.- Las aves comen y cantan,
son felices en su afán.
Un hombre grita angustiado:
¡Mis hijos no tienen pan!.

CAPÍTULO 10

LIBROS Y PROYECTOS

Don Luis contaba con la colaboración de jóvenes del pueblo para gestionar las actividades: el control de los libros que se prestaban y/o vendían, la inscripción para realizar las actividades, etc... El grupo de colaboradores le daba un soporte muy importante para que las cosas salieran bien. Del tema libros y biblioteca la primera responsable fue Isabelita que trabajó duro. Era una chica muy inteligente y fue capaz de poner en marcha y crear una buena infraestructura para llevar a buen término una actividad que requería organización, tiempo y discreción. Ella lo desarrolló durante un tiempo pero cuando se enamoró quiso llevar una vida más tranquila y menos arriesgada. El relevo lo tomó Carmina, quien también puso todo su esfuerzo y gestionó su labor con acierto, pero al igual que pasara con Isabelita, cuando se comprometió con Pascual quiso dedicar más tiempo a su noviazgo y el remplazo lo cogió Camino, que encantada, se ocupó de la gestión de los libros de la editorial ZYX. Recibía a Mª Jesús y Ovidio cuando venían de Ponferrada a traer los pedidos y a recoger las ganancias de las ventas.

Camino, a pesar de ser muy jovencita, se había hecho cargo de un tema de gran importancia. Estaba muy emocionada y se sentía inmensamente feliz. Cuando Carmina le entregó una caja llena de libros y un cuaderno con la lista de las personas interesadas en esa clase de literatura lo primero que vieron sus ojos fue aquel libro que sobresalía, casi a punto de caer, *La madre* se titulaba, de Máximo Gorki. Llegó a vender más de 17. Su corazonada le dio la razón, era un libro maravilloso que recomendó a todos sus contactos y amigas. Pocas chicas del centro se quedaron sin leerlo, lo habían hecho rodar de mano en mano, se discutía hasta el orden para leerlo, se debatía en las reuniones, quizás fue uno de los que más éxito había tenido. Pero también se vendían bien otros libros de contenidos muy profundos: *El compromiso de la acción* de E. Mounier, *El dogma de los hombres libres* de Lamennais, *Juventudes de hoy* de Jacinto Martín, *Sociología e historia* de Juan Gómez Casas, *Ganarás el pan con el sudor del de enfrente* de Patricio Chamizo, *Apuntes históricos del movimiento obrero español* de F. Prieto, *La huelga de bandas* de Máximo Mata, *¿De quién es la empresa?* de Rovirosa, *El pueblo y su promoción* de T. Malagón, *Ante la nueva ley sindical* de Cecilio Fernández y muchos más... Estaba entusiasmada. Camino era muy responsable y estaba muy orgullosa de la labor tan importante que desarrollaba. Ella se ocupaba del censo, de repartir los libros y de recoger los prestados. Por otro lado y aprovechando que Juan Carlos tenía coche, acompañado de Sara y Bárbara, algunos domingos subían a los pueblos cercanos a vender, a la salida de misa, colocando con esmero los libros sobre los bancos de piedra que suele haber en las puertas de las iglesias. Contaban también con la complicidad de algunos de los párrocos de algunas parroquias de pueblos cercanos. Todos estos hechos eran mal vistos por las autoridades competentes que consideraban que los libros eran material subversivo, haciendo lo imposible por averiguar qué clase de contenido e ideología trasmitían. Siempre que tenían ocasión interrogaban a jóvenes incluso en la calle. El ambiente entre ciertas autoridades y algunos vecinos, especialmente los jóvenes que frecuentaban el Centro era muy tenso. Pero nada más lejos de la realidad, los temas de los libros eran todos sociales, políticos, religiosos, de teología, de historia del movimiento obrero, pero eso sí, con los ojos de la teología de la liberación. Aún así, siempre se aconsejaba tener los libros escondidos. Se tenía mucho cuidado en qué manos caían. Todo el movimiento era legal pero mal visto por el régimen. El Gobernador Civil de León tenía sus informadores, se controlaban las llamadas que hacía y recibía don Luis y por parte de las autoridades se interrogaba a los vecinos.

Aquel día lluvioso cuando Carmina y Rosa Mª, dos jóvenes responsables de JOC, se dirigían a misa, el cabo de la Guardia Civil les echó el alto. Las estuvieron interrogando durante media hora. Se empaparon de agua al obligarlas a ir a sus casas a buscar su DNI, a pesar de que las conocían bien desde hacía mucho tiempo. Eran una forma de amedrentar y asustar, de crear un ambiente tenso y miedo entre los habitantes de Matarrosa. De esta manera controlaban todos los pasos que daban, aunque nada podía impedir que las actividades se siguieran desarrollando. Los libros, la editorial y los que los leían tenían que resguardar sus ideologías.

Con el tiempo se había desarrollado un ambiente de colaboración y complicidad desde las personas adultas, que sabían muy bien lo que se jugaban por lo vivido en la guerra, hasta los jóvenes y algunos adolescentes que no tenían una conciencia clara de los peligros, pero que se sentían identificados con las ideas y encontraban una forma para su desarrollo personal, dándose cuenta en los debates, sobre cualquiera de los temas, que sus ideas se abrían, sus opiniones crecían, su criterio se razonaba, que eran capaces de pensar por sí mismos y mantener sus opiniones desde la razón. Sentían que crecían como personas.

Las chicas: Ofelia, Bárbara, Camino, Carmina, Mari, Araceli, Nieves e Isabelita y los chicos: Santiago, Ángel, Manuel, Tino y los demás grupos cada día se veían más involucrados, cada día crecían sus necesidades y pedían más. Los grupos aumentaban. Desde adultos, jóvenes, adolescentes y niños.

CAPÍTULO 11

SIRTAKI, DANZA Y TEATRO

Algún tiempo después llegó a Matarrosa un joven argentino, Walter Ramos. Sus padres, nativos del Bierzo, habían emigrado a Argentina y veinticinco años después se habían divorciado. Él se vio envuelto en la polémica ya que los dos progenitores querían tenerlo de su parte. El joven que tenía 24 años y aún vivía en la casa paterna, ante esta difícil situación decidió alejarse y viajó a Matarrosa donde tenía familia, pensando en pasar una temporada en casa de su tía, hasta que las aguas volvieran a su cauce.

La llegada de Walter a Matarrosa fue toda una revolución y no pasó desapercibida para nadie y mucho menos para las jóvenes y adolescentes. Él era el polo opuesto de todos los chicos del pueblo. Venía de Buenos Aires, una gran ciudad, empapado de los ambientes, de los musicales, de la farándula, del teatro y de las artes. Sabía de teatro, de danza, de espectáculo en general y era un joven muy culto. Era delgado, tenía un aspecto sombrío, triste, melancólico, como de desamparo. No era guapo, pero en conjunto tenía un cierto atractivo. Llevaba el pelo un poco largo y ondulado. Sus manos eran muy blancas y contrastaban con las manos de los jóvenes mineros con sus uñas negras, llenas de cortes y callos, consecuencia de trabajar en el carbón. Él era delicado, siempre iba bien afeitado, con su camisa blanca impecable y sus vaqueros ajustados. Hablaba con un vocabulario rico, dulce y educado y un acento argentino que le hacía aún más atractivo. Como persona culta pronto contactó con don Luis, que, por aquellos días, estaba muy receptivo a recibir nuevas propuestas.

A Walter, un pueblo minero donde los jóvenes de su edad se pasaban el día en los bares, o trabajando en la mina o algunos de ellos jugando al frontón en la pared de la iglesia, no le aportaba nada. Para él no había nada interesante, así que se ofreció a impartir clases de ballet y teatro y, dependiendo de cómo se desarrollaran las cosas, montar un espectáculo con los jóvenes que quisieran participar. La actividad estaba abierta a todo el pueblo. El local para desarrollar las reuniones y ensayos sería en el centro.

A don Luis le pareció muy buena idea y puso a su disposición el centro y todo el material del que disponía, ya que era una ocasión para llegar a más jóvenes y que éstos participaran en las actividades.

Ofelia se enteró de que se organizaban clases de teatro, danza y cuando fue a recoger la empanada que su madre había llevado por la mañana a cocer a la panadería de Gerardo. También supo que se montaría un espectáculo y que el profesor sería aquel joven, de aspecto melancólico y bohemio. Ofelia lo vio pasar por la calle y estuvo a punto de salir de la panadería para decirle y pedirle que le gustaría participar en el teatro, que quería bailar, que quería colaborar en todo. Pero se contuvo, lo vio alejarse, vio que paseaba cabizbajo como otras muchas veces. Casi siempre paseaba por el pueblo en soledad y únicamente, en algunas ocasiones se le veía por el puente en compañía de don Luis con destino a la estación, o por el camino de Villamartín donde se sentaban en unas piedras junto a los castaños, al lado del camino, para contemplar la excelente vista que había desde allí, con el pueblo a sus pies, admirando un paisaje privilegiado, ya que desde allí se veía el pueblo al completo desde el cementerio hasta la estación. Desde allí podían ver como la carretera partía el pueblo por la mitad, a un lado quedaban las casas nuevas y al otro la plaza, la iglesia y la parte más antigua. También se veía con claridad el ir y venir de sus habitantes atravesando la carretera.

Hacía pocos días que un terrible accidente había conmocionado al pueblo entero y se habían vivido unos días de drama colectivo. Un camión atropelló a una niña causándole la muerte. El pueblo al completo lloraba junto a la familia en el cementerio. Los paseos que daban tenían casi siempre toques menos dramáticos. Lo normal era ver a don Luis y a Walter conversando con tranquilidad, sin pasión, a veces incluso pasaban largos ratos en silencio, como reflexionando. En otras ocasiones discutían apasionadamente sobre política, religión o cualquier otro tema.

Ahora sus temas de conversación estaban centrados en la organización del teatro, en las clases de baile, en la música y en pensar de dónde podían sacar el tocadiscos y los discos. Poco a poco habían perfilado la estructura de todo el proyecto con varios puntos:

- La inscripción de los aspirantes
- Las obras a elegir
- El reparto de papeles
- Calendarios y horarios
- Vestuario
- Escenarios y decorados

Y lo más importante, con los objetivos. Lo principal era que los jóvenes del pueblo tuvieran contacto con la cultura más artística.

Tanto Walter como don Luis esperaban que la participación fuera grande, ya que los que no quisieran bailar o actuar, podrían participar en otras tareas relacionadas con el trajín en sí. Se necesitaban ayudantes de todo tipo. Don Luis, seguiría con sus clases de guitarra y también con los debates literarios. Estaba claro que los horarios y todo el calendario en general había que ajustarlo bien porque el resto de actividades seguía funcionando.

Para empezar, don Luis lo comentaría el domingo en misa de doce y dependiendo de la aceptación organizarían todo lo demás. No era lo mismo un grupo de diez que uno de veinte.

Ofelia tenía que decírselo a sus amigas y convencerlas para que todas participaran. Sin perder tiempo se dirigió al taller de costura de Anita que le quedaba algo alejado de su casa. Cruzó la carretera, corrió puente arriba hasta llegar a la estación y esperó a que sus amigas, terminadas sus clases de corte y confección, salieran. Todas juntas después, se dirigieron al taller de Luna, que estaba abajo en el pueblo. Esperarían a Carmina y a su hermana y así una vez reunidas, aguardarían también a Bárbara y Araceli, que aprendían a bordar, en el taller de Anita la monja que estaba dos casas más allá. De esta manera conseguiría hablar con todas sus amigas a la vez. Aprender a coser y bordar era la actividad que la mayoría de las adolescentes y jóvenes de Matarrosa desarrollaban. Así que, los tres talleres, el de Anita que estaba en el barrio de la estación, el taller de Luna que estaba en la carretera de Matarrosa y el de Anita la monja (en su juventud estuvo en un convento, de ahí su apodo), tenían ocupadas a todas las adolescentes y jóvenes del pueblo.

Cuando Ofelia se fue encontrando con sus amigas Araceli, Camino, Josefina, Luisa, María, María José, Guadalupe y Bárbara les explicó, con gran emoción y entusiasmo que tenían que ir al Centro Social para informarse bien y dejar claro su deseo de participar en las nuevas actividades. Esperarían a reunirse con las compañeras que faltaban e irían todas juntas. Cuando llegaron Josefina, Margarita, Amelia, todas en grupo emprendieron el camino.

Walter organizó aquel pequeño curso de teatro con la idea de comprobar el nivel y sopesar la posibilidad de montar una obra completa con más continuidad en el tiempo. Los ensayos de teatro funcionaban a buen ritmo, Walter estaba sorprendido de los buenos actores que eran aquellos jóvenes, muy disciplinados, trabajadores y organizados.

Walter defendía a toda costa frente a don Luis una obra que se había estrenado en el Teatro Liceo de Buenos Aires el 24 de agosto del año 1945 La barca sin pescador de Alejandro Casona. Él había tenido la ocasión de verla bastantes años después de su estreno, en su ciudad y le había gustado mucho el argumento y la puesta en escena. Era ahora el 16 de febrero 1963 cuando acababa de estrenarse en Madrid, en el Teatro de Bellas Artes y con actores como: Mª Dolores Pradera, Salvador Soler, Enrique Diosdado y Julieta Serrano. Naturalmente, Walter había viajado a Madrid para ver la representación y, al igual que la primera vez, le pareció maravillosa. Regresó a Matarrosa eufórico, lleno de empuje y con las ideas muy claras. Estaba dispuesto a montar esa obra y no otra, no se dejaría convencer, ni cambiaría de opinión.

Finalmente *La barca sin pescador* fue la elegida. Había conseguido convencer a todos con su entusiasmo.

El teatro se enfocaría a los grupos de jóvenes más mayores y el ballet a las adolescentes.

Los personajes se repartieron después de una pequeña demostración de interpretación. Aunque Walter lo tenía bastante claro, ya que en el cursillo ya había visto cómo se desenvolvía cada uno. Aún así prefirió asegurarse con aquella pequeña prueba.

La emoción y los nervios se palpaban en el ambiente. A pesar de que ninguno de los aspirantes tenía experiencia, sólo la del pequeño cursillo, todos apostaban fuerte por participar y la emoción que cada uno sentía le daba sentido a sus vidas en aquellos días oscuros y tristes que tan pocas posibilidades ofrecían para su formación cultural y para crecer como personas.

CAPÍTULO 12

RESCOLDOS DE LA GUERRA

Estaban muy contentas porque habían conseguido entrar en el ballet. Habían pasado muchos días ensayando, representando y reuniéndose con compañeras y amigas. Esas actividades les daban intensidad en aquellos tiempos y mucha alegría. Bárbara sentía que algo le pasaba a su amiga. Le faltaba aquella chispa en su mirada y aquel brillo tan especial. Aquel domingo después de misa, mientras repartían algunos ejemplares de *Día 7, la iglesia de hoy*, un pequeño boletín que dependiente del obispado se repartía todas las semanas, Bárbara estaba decidida a abordar el tema, en cuanto terminaran el reparto y se encaminaran hacia el barrio de La Estación donde estaban sus casas. En el trayecto le preguntaría directamente. Hacía días que notaba que algo preocupaba a su amiga y aunque siempre se lo contaban todo, especialmente sus pensamientos más íntimos en relación a sus pretendientes, ahora intuía que era algo más serio.

Se despidieron de Nieves y Mari y remarcaron:

—Recordad que quedamos con Ofelia y Camino para ir al cine a las cinco. A las cuatro y media en la puerta del cine, no lleguéis tarde como siempre.

Se encaminaron hacia el puente carretera arriba y sin más preámbulos Bárbara le preguntó:

—¿Qué te preocupa Araceli? Sé que algo pasa. Cuéntamelo.

—Es que no se si puedo contarlo. Son cosas de mi familia y estos días en casa el ambiente es difícil —dijo Araceli.

—Sabes que puedes contar conmigo. Yo no se lo diré a nadie. Lo sabes —respondió Bárbara.

—Está bien te lo voy a contar pero no se lo puedes decir a nadie. Tú sabes que mi abuela Clementa vive con nosotros desde hace años y la semana pasada ella nos reveló un secreto muy importante. Un misterio familiar. Te cuento: estuvieron en casa todos mis tíos, los mandó llamar mi madre. Como mi abuela Clementa se encontraba mal de salud le pidió a mi madre que llamara a sus hermanos. Pensó que cualquier día se moriría y se llevaría con ella a la tumba algo que debían saber todos. Me dejaron estar en la reunión familiar y estuvieron hablando hasta la madrugada. Yo sólo escuchaba. Pero mis tías Florentina y Carmen no paraban de llorar, mi madre y mis otras tías Laudelina y Emilia las consolaban e hicieron tila y manzanilla para que tomaran, pero el peor de todos mi tío Andrés no paraba de blasfemar, repetía una y otra vez: "hijo de puta, desgraciado". Yo estaba sentada en un rincón al lado de la cocina de carbón, no abrí la boca para que no me mandaran a dormir o me echaran de la habitación. Quería enterarme de todo. Te lo cuento desde el principio, escucha que es un poco largo y lioso.

Las dos amigas se sentaron en la baranda del puente mientras veían pasar las aguas del río Sil y Araceli empezó a hablar:

Clementa salió de Aviados, donde vivía con sus padres, dejando atrás el viejo castillo, fortaleza española, que según se decía se había construido en el siglo XI y reconstruido en el siglo XIV y que había sido destruido por orden del rey Carlos I en el año 1521. Se decía que fue como castigo a sus propietarios, la familia Núñez Guzmán, quienes fueron acusados de organizar el alzamiento de los comuneros. El castillo era lo único que quedaba como testigo de la historia de aquellos hombres que se levantaron contra unas leyes injustas, enfrentándose al mismísimo rey. Ya sólo quedaban unas ruinas, unas piedras que se habían ido desmoronando con el paso del tiempo montaña abajo y que los habitantes del pueblo habían aprovechado para hacer sus casas en la falda de la colina.

Clementa se dirigía a Murias, aldea donde vivían sus tíos. Lo hacía para ayudar a su tía Flora a recoger las patatas. La mujer se había torcido un pie y casi no podía andar. Clementa solo tenía dieciséis años, pero era una preciosa jovencita de ojos marrones y de piel muy blanca, lo que le daba algún que otro disgusto ya que se quemaba con el sol muy fácilmente. Siempre que trabajaba en el campo se debía poner unos manguitos y un sombrero de paja para protegerse. Una tarde en la huerta recogiendo las patatas con los pies descalzos, las piernas llenas de tierra y con su falda arremangada para que no le entorpeciera el trabajo, sudorosa y cansada se detuvo un momento para beber agua. Se acercó al torrente y cuando se estaba lavando las manos escuchó una voz que le hizo dar un respingo de sorpresa. Se volvió y frente a ella, mirándola con una sonrisa un poco burlona, estaba él.

—Hola guapa, ¿sabes dónde podría beber un poco de agua? —le pregunto el joven.

—Aquí en el reguero —contestó Clementa un poco avergonzada.

Ella no estaba acostumbrada a que ningún joven se dirigiera a ella con tanta desenvoltura. La estaba mirando con descaro y ella se sentía intimidada y ruborizada. La cara le ardía, estaba roja como un tomate.

Cuanto más se inquietaba ella, más gracia le hacía a él. Pero la magia quedó deshecha. Por el sendero se acercaba su tía Flora que desde lejos llamaba a su sobrina a gritos.

—¡Clementa, Clementa, ven a comer!

La situación se interrumpió y el joven se encaminó sendero arriba y saludando con la mano a modo de despedida le dijo:

—Nos veremos pronto, ¿estás en la casa de Flora?

Ella no contestó. Estaba aturdida. Le parecía un chico muy guapo. Creyó que él le había guiñado un ojo y se preguntaba ¿qué querría decir con ese gesto? Dejó el cesto con las patatas, que pesaba mucho para que después lo recogiera su tío con la mula cuando viniera. Cuando estuvo a la altura de su tía Flora le pregunto.

—Tía Flora si un chico te guiña un ojo ¿qué quiere decir?

—Pero muchacha ¿a qué viene esa pregunta? Depende de muchas cosas, puede ser un fresco conquistador, puede que te esté rondando. Depende de qué muchacho sea, si es formal o un aventurero —Le respondió a su sobrina.

—El joven que viste hablando conmigo, no lo conozco. Pero él a usted sí —contestó Clementa.

—Ese chaval se llama Julio, está ayudando a su tío, mi vecino, a arreglar el tejado de la casa y del pajar. Apareció un día, creo que son familia, sobrino, no sé bien si por parte de Carmen o de Juan. Sé que es de una aldea de Galicia, de Samos, es una aldea muy bonita que tiene un monasterio muy antiguo donde viven muchos frailes.

Habían pasado unos días y Clementa no había vuelto a ver a Julio. En su interior tenía la esperanza de encontrarse con él, quería verlo de nuevo, salir de las dudas que le dejó su encuentro. Ella misma se repetía que no debía ilusionarse, ni pensar en él. Sólo habían cruzado cuatro palabras, sólo se habían visto una vez. Pero Clementa no conocía a muchos jóvenes, ya que en su aldea casi todos eran familia y el único muchacho que había era bastante más mayor que ella. Así que Julio, con su desparpajo, su buena planta, su pelo negro bastante descuidado, al que le hacía falta un buen corte, le parecía atractivo. En realidad, era el primero que le había guiñado un ojo. Con sus pensamientos y deseos habían pasado los días y las patatas estaban recogidas y almacenadas en el desván.

Como cada domingo por la tarde los vecinos les llamaron para que fueran a su casa a jugar unas partidas a las cartas. Clementa acompañó a sus tíos y cuando Julio les abrió la puerta ella se encontró con su mirada. Sintió un escalofrío y bajó los ojos al suelo mientras se ruborizaba de pies a cabeza. Él le sonrío mientras se apartaba para que todos pasaran. Los dos matrimonios se sentaron alrededor de la mesa camilla y se empezaron a repartir las cartas, ya muy desgastadas. En el reparto se podía ver la destreza que tenían colocando las cartas con agilidad en su mano izquierda.

Julio y Clementa se quedaron de pie sin saber muy bien qué hacer.

—¿Quieres venir a ver los cachorros que nacieron ayer? —le dijo Julio a Clementa.

—Bueno —contestó ella.

Vieron que los jugadores ya estaban ensimismados en la partida y salieron dirección a las cuadras. En un rincón junto a la leña apilada y encima de un poco de paja, estaban los 6 cachorros con su madre vigilando y gruñendo un poco, viendo su intimidad perturbada y preocupada de que molestaran a sus pequeños.

Clementa miraba los cachorros con gran ternura, acariciaba a la madre y a los pequeños mientras Julio la miraba de una manera que la intimidaba. Se sentía rara, eran sentimientos para ella desconocidos y no sabía muy bien cómo debía comportarse. Al poco rato se sentaron en una escalera, justo al lado de la perra y de sus crías, que buscaban afanosas las tetas de su madre.

Julio le cogió una mano y ella sintió como un resorte poniéndose en pie de un salto. Él también se incorporó y por sorpresa le dio un beso en la boca con pasión. Ella correspondió, las piernas se le doblaban, no supo cuanto duró aquel beso, pero en un momento de lucidez salió de la cuadra regresando a la casa. Se sentó al lado de su tía y ya no se movió de su lado en toda la tarde. Julio regresó un poco después y no dejó de mirarla. Ella no levantó la vista del suelo, pero su corazón latía tan fuerte que pensó que lo estaban escuchando todos los presentes en la estancia.

Cuando Clementa regresó a Aviados junto a su familia le explicó a su madre que había conocido a un chico gallego que estaba en casa de los vecinos de sus tíos. Su madre la reprendió diciendo que tuviera mucho cuidado, que era muy joven, que no sabía sus intenciones y que posiblemente no lo volvería a ver.

Pero se equivocaba, ya que unos días después Julio se presentó en Aviados. Aprovechó el viaje que su tío hizo a Valdepiélago con una carga de cereales y el resto del camino hasta Aviados lo hizo caminando. Su tío le dijo que era arriesgado presentarse así, igual la chica no lo quería ver o tenía otro compromiso, pero él no cambió de opinión y se presentó allí delante de su puerta. Cuando Clementa salió de casa para recoger unos troncos de madera para el fuego se encontró a Julio apoyado en la pared de la casa. Ella se lo quedó mirando sin saber qué hacer. Su primer impulso fue salir corriendo al interior de la casa, pero sus piernas no le respondían. Paralizada mirando cómo se acercaba, escuchó su voz que le decía:

—Vengo a hablar con tus padres para casarme contigo.

—Estás loco, casi no nos conocemos —contestó con una vocecita inaudible.

El muchacho golpeó la puerta con los nudillos y los padres de Clementa salieron extrañados por los golpes y alertados por el murmullo en la calle. Se quedaron sorprendidos con la presencia de aquel joven que no conocían de nada. Julio empezó a hablar sin parar, como si tuviera miedo a no decir todo lo que tenía pensado.

—Yo quiero casarme con su hija pronto. Quiero que la boda la organicen ustedes y para que vean que voy en serio mi tío vendrá a hablar con ustedes. Yo trabajo en la mina en Brañuelas. En cuanto tengamos la fecha de la boda yo regresaré para casarme cuanto ustedes me digan. Mientras buscaré una casa para nosotros y visitaré a mis padres para ponerlos al corriente de la boda. Ellos viven en Samos.

El matrimonio se quedó mirándolo sin saber que decir. Su hija había ido a Murias unos días a casa de sus tíos y regresaba con una propuesta de matrimonio. No sabían quién era ese chico, ni de dónde venía, ni a qué familia pertenecía. Era un completo desconocido.

De camino a Valdepiélago Julio le daba vueltas y más vueltas a la cabeza, pensando en cómo decirle a su tío que había hablado con los padres de Clementa y les había pedido la mano de su hija. Su tío ni tan siquiera sospechaba que pensara proponerle matrimonio a la joven. La verdad es que ni siquiera Julio lo sabía, ni lo había pensado, se le ocurrió allí delante de la puerta de la casa de la familia de Clementa. Y tal como lo pensó lo hizo.

Ahora tenía que convencer a su tío de que lo acompañara de regreso y hablara con los padres de Clementa.

Julio llegó a Samos una semana después. Saludó a su madre, a la que encontró en la cocina pelando patatas. Miró hacia la esquina detenidamente, vio a su hermano Amancio que sentado en un rincón, como siempre seguía sumido en su mundo con la mirada perdida. No hablaba, no caminaba, allí dormía, allí comía, allí vivía sin vivir. Pertenecía a aquel rincón como un mueble más.

Amancio era tres años más joven que Julio, su madre lo cuidaba, lo alimentaba. Desde que nació se dieron cuenta que aquel hijo no estaba en este mundo así que no lo enseñaron a la familia, ni a los vecinos. No corrió por los campos, ni fue a la escuela, ni vio las flores en primavera, ni la nieve en invierno. Muy pocas eran las personas que lo habían visto. La familia se acostumbró a que estuviera siempre en aquel rincón, en verano y en invierno. Los demás miembros de la familia, entraban y salían y lo ignoraban por completo.

Cuando Julio expuso a su madre el motivo de su regreso, su eminente boda con fecha para primeros del mes próximo, ésta dejó la patata y el cuchillo que tenía en la mano sobre la mesa, se puso de pie y con una dureza en la voz que Julio desconocía, mirándolo a los ojos, le dijo:

—Por encima de mi cadáver te casas tú con esa mujer. Te tienes que casar con Mariana. Así tiene que ser. Así lo queremos tu padre y yo y así lo querías tú también hasta el mes pasado cuando te fuiste a casa de tus tíos. ¿De dónde has sacado esa locura? Sácate esa idea de la cabeza ahora mismo.

Le hablaba muy excitada, casi a gritos. En aquel preciso momento entraba por la puerta su marido que alcanzó a oír las palabras de su mujer:

—¿Qué es lo que pasa? ¿Os habéis vuelto locos con tantos gritos? ¿Queréis que se enteren todos los vecinos?

Cuando le explicó a su marido que Julio se quería casar con una muchacha de Aviados y que ya estaba todo organizado, éste miró a su hijo y le dijo:

—De ninguna manera. Tú tienes que quedarte aquí y casarte con Mariana. Tienes que cuidar de las tierras y del ganado. Así tiene que ser. Así que sácate esa idea de la cabeza. Si haces otra cosa dejarás de ser mi hijo.

Los tres quedaron en silencio, de pie. Un silencio tenso que tenían miedo a romper. Julio quería casarse y salir de aquella aldea, quería salir del dominio de sus padres. Sus padres veían rotas sus esperanzas de que Julio se ocupara de las tierras, del ganado, de la familia. Era su hijo, el que podía, el qué debía, el que lo heredaría todo. Pero Julio dio media vuelta, salió por la puerta, cogió el camino de Sarria y no miró atrás.

Dos días antes de la fecha acordada Julio se presentó en Aviados en casa de sus futuros suegros.

La boda entre Julio y Clementa se celebró un sábado a primera hora. Fue una boda muy sencilla, sólo asistió la familia más íntima. Después de la ceremonia todos los asistentes regresaron a la casa y pusieron sobre la mesa pan de centeno y un poco de queso. Para terminar unas rosquillas y café. Los recién casados una vez terminado el desayuno, emprendieron camino hacia Brañuelas que más que un pueblo era un caserío. Julio había alquilado una casa no muy grande, disponía de tan solo dos estancias y un pequeño cuarto, una cocina que tenía una mesa y dos banquetas para sentarse en un lado y en el otro y junto a la pared una estufa de hierro. Se podía ver un montón de ceniza en el suelo y restos del fuego que Julio había hecho días atrás. Quería comprobar que el tiro funcionaba bien y que la casa no se llenaría de humo. La había mantenido encendida mientras colocaba los pocos muebles que tenían.

Clementa se fijó en una silla baja, nuevecita que estaba colocada al lado mismo de una pequeña ventana y cerquita de la estufa. Como Julio vio que ella se fijó en la silla, le dijo:

—Es mi regalo de boda para que te sientes a coser al lado de la ventana.

El cuarto contiguo era pequeño, pero cabía una cama de plaza y media que estaba allí con el somier de alambres, el colchón enrollado a los pies y unas mantas dobladas encima. Había otro cuarto pequeño que utilizarían de despensa ya que difícilmente cogería otra cama allí.

Clementa desató la bolsa que su madre le había dado. Comprobó su contenido poniendo sobre la mesa cosa por cosa: tres sábanas usadas, una sartén, una toalla, dos platos de porcelana roja nuevos, dos cucharas, un cazo y una olla también de porcelana roja y fue colocando cada cosa en su sitio. Julio fue a la taberna-tienda a comprar algunos víveres para cenar y también para comer al día siguiente.

Clementa cogió las sabanas e hizo la cama. Después salió al umbral para recoger unos troncos y preparar la estufa para encenderla un poco más tarde. Había visto un montoncito de leña apilado junto a la puerta de entrada y dio por hecho que era suyo.

Dos horas después, cuando Julio regresó ella ya lo tenía todo arreglado. Había recogido las cenizas, reordenado los muebles, acomodado la poca ropa que tenía y se había sentado a esperar a su marido. Enseguida se dio cuenta de que Julio venía un poco "alegre", con los ojos entornados y comprendió que las rondas de vino en la taberna habían sido generosas.

Nueve meses después nació su primer hijo Andresito y más tarde nacería Carmina. En muy poco tiempo la familia había crecido. Julio trabajaba en las minas, salía de caza e iba a la taberna. A veces desaparecía unos días y volvía a casa como si nada. No daba explicaciones por lo que Clementa sospechaba que iba a ver a sus padres. Ella no los conocía, se habían negado a recibirla y de los niños no quisieron saber nada. Había notado cambios de actitud de Julio hacia sus padres. Al principio le dolía el desdén hacia su familia, pero ahora Julio les disculpaba. Ella sabía que le echaban a ella la culpa de los problemas que tenían. No les llegaba el dinero para alimentar a los niños. Julio tenía unos amigos que siempre estaban juntos y sus ideas políticas les estaban costado más de un disgusto.

Clementa, cuidaba de un trozo de huerta que un vecino le dejaba cosechar, cuidaba de sus niños todos pequeños, el promedio de uno a otro no llegaba al año y medio.

Julio llegó un día y le dijo que se iban a trasladar a vivir a Matarrosa del Sil, que uno de sus amigos les estaba buscando casa. Le comentó que sino encontraban en Matarrosa, buscarían provisionalmente en San Pedro Mayo hasta que pudieran hallar una.

Por fin estaban instalados en una casita cerca de la estación del tren de la MSP. Desde su casa se oían pasar de noche y de día todos los trenes, tanto los carboneros como los de pasajeros.

Nada más llegar Julio empezó a trabajar en la mina de Caleyo y dos meses después Clementa dio a luz a su hija Victoria. El parto fue difícil y fue atendido por la señora Florinda, una mujer que tenía mucha experiencia. Las mujeres de la zona cuando tenían a sus hijos recurrían a sus servicios. Casi todas las mujeres del pueblo confiaban en ella para estos menesteres.

Doce meses después, la señora Florinda de nuevo recibía y le daba la bienvenida a este mundo a otra niña, Florencia.

Un día por la tarde Julio llegó del trabajo y mientras comía un poco de botillo y berzas con patatas cocidas, empezó a hablar:

—Tenemos que regresar a Brañuelas. Aquí los problemas son grandes. Están haciendo presión para que la gente se apunte a la falange y yo no estoy dispuesto —le dijo Julio.

Ella se enfadó un poco, sabía que políticamente el país estaba muy revuelto pero la solución no era cambiar de pueblo. Seguro que en Brañuelas las cosas también estaban mal. Además estaba embarazada de nuevo y aquí vivía mejor.

Pero Julio no se dejó convencer y a la semana siguiente, de madrugada, salieron de Matarrosa camino a Brañuelas. Nada más llegar se dieron cuenta de que las cosas estaban aún peor que en Matarrosa. A los pocos días de llegar llegó la autoridad competente e hizo un registro de la casa. No dejaron un rincón sin mirar. Buscaban armas y le preguntaron si tenía escopetas, pistolas, fusiles... Él negó tener ningún arma. Fue casualidad o suerte la que quiso que esa misma mañana se llevase la escopeta a limpiar y engrasar. Siempre lo hacían en el establo de las vacas de uno de sus amigos y como no había terminado la dejó colgada en el pajar de su amigo para reanudar la labor por la tarde. El azar, sin duda, quiso que no tuviera la escopeta en casa. Tras terminar la guerra era constante el acoso a las personas no afines a los ganadores. Julio, era conocido por sus ideas políticas y después del registro le habían dejado muy clarito que lo tendrían vigilado y que como lo pillaran con alguna cosa lo llevarían preso.

A partir de entonces Julio se las ingenió para hacer una especie de hueco muy disimulado en el tubo de la estufa y allí escondía la escopeta. Cada vez que llamaban a la puerta la escondía enseguida y abría la puerta tranquilamente. Otras veces, después de esconder las armas, saltaba por la ventana de la parte trasera de la casa y corría a esconderse en el monte. Eran muchas las horas que pasaba con sus amigos, de caza, en la taberna. Faltaba al trabajo.

Los registros se producían con frecuencia y siempre era Clementa la que abría la puerta ante los golpes insistentes de las autoridades dando tiempo a que su marido saltara por la ventana. Cuando abría ellos registraban todo y se marchaban hasta la próxima.

Clementa dio a luz a su hija Emilia una tarde de otoño. Estaba muy débil por la pérdida de sangre y por lo poquito que tenia para comer. Dos días después de dar a luz, llamaron a la puerta. Cuando abrió a uno de los niños le dieron un empujón y registraron toda la casa en búsqueda de su marido. Ella volvió a la cama con la pequeña Emilia recién nacida. Aquellos hombres entraron en la habitación a registrar y tiraron del colchón para ver si escondía algo debajo, empujando a la madre y la niña encima del somier de alambres. Salieron de la casa dejando todo tirado por el suelo en medio de un gran desorden.

Clementa lloraba desconsoladamente. Se veía sin fuerzas para soportar tantas humillaciones y necesidades. Julio se pasaba los días fuera, ni siquiera sabía dónde.

Tan solo hacía diez años que se habían casado y tenían seis hijos. Nada más regresar recuperó el trocito de terreno para poder sembrar algunas patatas y algunas hortalizas. A su vecino no le hizo mucha gracia. No quería dejarle el huerto pero, ante la insistencia de ella, al final accedió a dejarle la tierra.

Era lunes por la mañana cuando llegaron a la casa los dos amigos de Julio y le dijeron que tenían que ir a Oviedo los tres. A Clementa, ya acostumbrada a las idas y venidas de su marido, no le extrañó aquel viaje de imprevisto, ni tampoco cuando le dijeron que estarían una semana fuera.

Tres días después regresaron los amigos de Julio y le dijeron a Clementa que a su marido lo habían matado.

—Clementa, fue un tiro por la espalda. Veníamos ya de regreso cuando nos asaltaron unos hombres. Los tres salimos corriendo, pero nos dispararon y le dieron a él. Nosotros también les disparamos y

salieron corriendo pero Julio ya estaba muerto. Lo enterramos allí mismo, no podíamos traerlo. Ya sabes cómo están las cosas con lo de la guerra. Mucha gente anda por el monte.

Clementa no podía creer lo que le estaba pasando. Le fallaron las piernas y cayó sentada sobre una silla. Empezó a llorar desconsoladamente. Así estuvo durante horas, su cabeza era un torbellino, gritaba y gritaba con la cara entre las manos. Fue entonces cuando se dio cuenta que sus hijos estaban todos de pie en medio de la cocina menos la pequeña Emilia que estaba sobre la cama tapada con una manta y ajena al drama que la rodeaba. Era una situación terrible, los niños la miraban llorando y muy asustados con sus caritas llenas de mocos y lágrimas. Clementa se puso en pie y con el revés de su delantal limpió la nariz y la cara a sus hijos todo esto sin parar de llorar. Era media tarde cuando llegó a la casa Ramira. Había acudido a socorrer a su prima. Enterada de la gran desgracia corrió en su ayuda. Siempre se habían querido mucho. Ramira se había quedado en Aviados, en el pueblo. Clementa, después de su boda, no había vuelto más.

Las dos primas compartieron el dolor, la desgracia, el hambre y el cuidado de los niños durante unos días.

—Está decidido. Pediré trabajo en la mina para lavar carbón. Ya hacía tiempo que me rondaba por la cabeza. En los últimos tiempos en los que a Julio lo andaban buscando, casi no trabajaba porque estaba por el monte escondido. Yo ya pensaba en trabajar en los lavaderos —le había dicho a su prima antes de su partida.

Pero unos días después de la tragedia se presentaron en casa de Clementa dos de sus hermanos y le dijeron que no podía trabajar en las minas lavando carbón porque los niños eran muy pequeños y no podía dejarlos solos. Hablaron, buscando soluciones y decidieron que regresaría al pueblo con sus padres. Así que volvió a Aviados.

Pero eran tiempos de miseria y privaciones para dar de comer a nueve bocas hambrientas (sus padres, ella y sus seis hijos).

—Clementa, he estado pensando que podíamos llevar a algunos de los niños con mis hermanas a Gijón. Ellas dos son solteras y no tienen bocas que alimentar. Por lo menos durante un tiempo hasta que la situación mejore. Podíamos llevar a los dos mayores Andresito y Carmina. Estarían mejor alimentados. Si te parece bien hoy mismo les mandamos el recado o le pido al cartero que me escriba una carta y esperamos a ver que dicen ellas y si les parece bien.

Estas palabras fueron el consejo que su padre dio a Clementa y que con gran dolor en su alma aceptó, sabiendo que no le quedaba otra salida. Ya hacía más de seis meses de la muerte de Julio y cada día lo lloraba. Tenía el corazón roto. Su deseo era que los niños crecieran juntos, que siguieran siendo una familia. Le horrorizaba dispersar a sus hijos, que cada uno creciera por su lado, sin compartir juegos, ni escuela, ni la ropa usada, pero en momentos tan difíciles se consolaba a sí misma diciendo que todo sería por poco tiempo. Necesitaba creer que sería así. Por sus hijos estaba dispuesta a hacer todos los sacrificios necesarios, por grandes que fueran.

El día que dejó a sus dos hijos mayores a cargo de sus tías, Matilde y Josefa, le cambio el semblante cuando se cerró la puerta. Su estado era deplorable. Se lamentaba, le dolía en lo más profundo de su ser. Todo el tiempo se había comportado como una valiente, haciendo creer a sus hijos que lo pasarían muy bien, que sus tías los querían mucho y que ella pronto los vendría a buscar. Con cada mentira que les decía más pequeña y encogida se sentía, pero no tenía valor para decirles la verdad.

Que no sabía cuando los podría venir a ver, que sus tías no los querían, que habían accedido a recogerlos ante la insistencia de su hermano, que la ciudad no era bonita y estaba destrozada con motivo de la guerra. En resumen, no sabía cuándo podría recuperar a sus hijos.

El tiempo pasaba y Clementa trabajó en todo lo que pudo los siete días de la semana. Aceptaba todo tipo de trabajo. A veces hacía jornadas interminables a cambio de un cubo de patatas o de hortalizas. Recogía carbonilla en las vías del tren para calentar su casa y hacer la comida. Sus hijos y el trabajo, esa era su vida.

Le salió algún pretendiente, pero ella se negó en redondo a pensarlo siquiera. Sus pensamientos eran para Julio. Hablaba a sus hijas de su padre con amor para que no lo olvidaran. El tiempo fue pasando y cinco años después, por fin, sus hijos regresaron a casa y le dijeron que preferían pasar a su lado todas las miserias, pero todos juntos, que sufrir el desdén en casa de sus tías. Los niños les molestaban, eran muy tacañas, así que pasaron tantas necesidades como si se hubieran quedado en casa con ella y sus hermanos.

Clementa, decidió irse a vivir de nuevo a Matarrosa del Sil ahora que sus hijos ya eran adolescentes y estaban dispuestos a trabajar.

Ella trabajaría en el lavadero de carbón de Alinos, los pequeños podrían ir a la escuela y los mayores también podrían encontrar un empleo.

El tiempo corría para todos y ahora miraba con alegría a sus hijos ya crecidos. Atrás quedaban el tifus, los piojos y limpiarles los mocos.

Ya hacía casi trece años de la desaparición de Julio, pero en aquella casa nunca hubo espacio para el olvido. Ella había cogido la costumbre de hablarles a sus hijos de su padre todos los días. Les decía una y otra vez que su padre estaría muy orgulloso de ellos y que había sido muy cariñoso. Era como una especie de ritual, de unión y de orgullo familiar. Para cualquier cosa hacía la referencia “tu padre estaría orgulloso”, “eso era lo que le gustaba a vuestro padre” y eran muchas las referencias que hacía cada día.

Clementa, estaba muy orgullosa de sus hijos. Después de la muerte de su padre, con el que había convivido los últimos tres años, sucedía aquel invierno tan duro cuando cogió aquel catarro tan fuerte que terminó en una pulmonía y que acabó con su vida, Clementa se había sentido muy sola. Durante los pocos años que lo tuvo a su lado había sido un soporte muy importante para ella. Su valía en la educación de los niños, su insistencia de que fueran a la escuela y el cariño con el que les enseñaba el cuidado de la tierra. Incluso en los últimos tiempos cuando estaba tan enfermo sus consejos y su cariño la mantenían en pie. Tras su pérdida se enfrentó sola a criar sus hijos. Casi no tuvo tiempo de llorarlo, lo hacía mientras trabajaba. Ante tanta soledad fue cuando decidió regresar a Matarrosa. Ahora unos años después miraba el resultado de tanta lucha y estaba satisfecha de las buenas personas que eran aquellas niñas y de su hijo, un hombrecito muy responsable que de alguna forma quería asumir el papel del hombre de la casa cuidando de sus hermanas y de su madre. Clementa le dejaba hacer.

El día que llegó el chatarrero a Matarrosa la vida de Clementa daría un vuelco.

El hombre llamó a su puerta.

—Buenos días mujer ¿tiene algo de chatarra para vender? ¿Latas, zapatillas viejas, cualquier cosa?

—Espere buen hombre que las niñas recogen cosas para vender y esperaban a que usted viniera —contestó ella, a la vez que llamaba a sus hijas:

—¡Niñas! Carmina, Victoria, Florentina, Emilia. Traer las cosas que tenéis para el chatarrero. ¡Niñas, niñas!

El chatarrero se quedó mirando a las jovencitas con bastante descaro y le dijo a Clementa.

—¿Ustedes tienen familia en Samos? Allí vive una familia que tiene dos hijas y son igualitas a las suyas. Son familia seguro. La semana pasada estuve allí hablando con el padre y las chicas y le aseguro que el parecido es muy grande, los ojos, el color del pelo, muy blancas de piel. ¿Cómo se apellidan ustedes? Porque ellos son Pinto.

A Clementa le había cambiado de color. Se había puesto muy pálida. Una sospecha se clavó en su cerebro.

Dos días después les dijo a sus hijos que tenía que salir de viaje unos días y se fue.

Llegó hasta Sarria acompañada de su prima Ramira en una camioneta que repartía pan por la zona. De Sarria a Samos tuvieron que hacerlo a pie. Ellas no conocían la zona, así que cuando llegaron a la aldea, vieron la abadía y a un fraile que recortaba con esmero los setos del monasterio de San Julián de Samos y se acercaron.

—Buenos días Padre. Perdone que le moleste, quería preguntarle si usted conoce a una familia que se apellidan Pinto.

El fraile bajó los dos escalones de la escalera donde estaba subido y con relativa lentitud posó la tijera de jardinero que tenía en las manos sobre uno de los escalones.

—Buenos días hijas. Pues claro que sí. Esto es una aldea pequeña y nos conocemos todos. Sigan el sendero hacia arriba, y veréis un camino que las llevara a una granja. Allí vive la familia Pinto.

Se despidieron y emprendieron la marcha sendero arriba. El entorno era muy hermoso con árboles al lado del río y un precioso monasterio. Pero las dos primas no estaban con ánimo de contemplar ni apreciar el paisaje. Según caminaban aumentaba el nerviosismo de Clementa. Después de caminar un buen rato divisaron la casa. Veían movimiento en el lugar y un perro empezó a ladrar. Vieron a una mujer que observaba como se acercaban. Era una mujer todavía joven.

Cuando llegaron a la casa ya había salido una mujer mayor de la puerta y las dos juntas esperaron a que se acercaran las visitantes. El perro no paraba de ladrar y Clementa cada vez estaba más nerviosa, pero sin pensarlo dos veces hizo la pregunta:

—¿Está aquí Julio Pinto? Dígale que salga, llámelo y dígale que lo espera su mujer.

Vio en su cara y en sus ojos la sorpresa, el miedo, la incertidumbre, pero también la dureza y la decisión. Empezó a hablar la mujer mayor.

—Así que tú eres la mujer que llevó a la ruina a mi hijo. La que se lo llevó de esta casa haciendo que perdiera el respeto a sus padres. No, no está aquí. Él murió. Yo sólo tengo a mi hijo Amancio, Julio murió. Quiero que te marches y no vuelvas nunca, nunca. No quiero verte nunca más. ¡Fuera, fuera!

La mujer cada vez gritaba más y la actitud de la más joven era de pánico y sorpresa, estaba inmovilizada. Dos niñas salieron corriendo de la casa atraídas por los voces de su abuela.

Clementa vio el parecido de las jovencitas con sus hijas y empezó a gritar.

—Que salga ese cobarde, ¿dónde está? ¡Que dé la cara! ¡Qué me

mire a los ojos! ¡Qué salga!

¡JULIOOO, JULIOOOO, JULIOOO!

—Mariana, Mariana no te quedes mirando. Ayúdame a echar a esta puta de aquí —repetía la mujer.

Sintió un fuerte golpe en la cara. Vio a las dos mujeres enfurecidas, golpeándola. Sentía las patadas, le pegaban con un palo. Su prima quiso defenderla pero soltaron a los dos perros guardianes que tenían atados y aunque salió corriendo para subirse a un árbol le dieron dos mordiscos uno en una pierna y otro en una nalga. La pierna le sangraba y le dolía muchísimo. Ante la impotencia de no poder ayudar, empezó a gritar pidiendo ayuda:

—¡Socorro, socorro! —gritaba con todas sus fuerzas. Pero la granja estaba alejada y nadie acudió en su ayuda.

Como pudo Clementa se levantó y paso a paso y con miedo a perder el conocimiento empezó a alejarse de la casa. Tenía golpes, arañazos y mordiscos de los perros por todas partes. Le sangraba el labio y tenía una herida en la frente que hacía que la sangre resbalara formando gotas que empapaban su blusa. Tenía la ropa rota y el alma derrotada. Su prima corrió a su encuentro y le pasó el brazo por la cintura para ayudarla a caminar. Cuando perdieron de vista la casa, al dejar atrás la curva, se pararon un momento para intentar recomponerse. Sacudieron sus ropas y con un pañuelo se limpiaron la sangre, aunque ésta seguía resbalando por su cara. Se habían sentado en unas piedras al lado del camino. Vieron acercarse a un hombre con una mula del ronzal. Al llegar a su altura, el hombre dio los buenos días mecánicamente, sin levantar los ojos del suelo siguiendo el camino de la casa.

Clementa se puso de pie y cuando él ya la sobrepasaba ella dijo:

—Julio, Julio, ¿eres tú? ¡Eres tú!

El hombre se dio la vuelta y se encontró de frente con una mujer ensangrentada, llena de golpes, herida en su cuerpo y en su alma. Casi no la reconocía. Fue entonces cuando ella le dijo:

—¿Cómo pudiste? ¿Cómo pudiste? Explícamelo.

Él no podía ni hablar por la sorpresa, carraspeó y empezó un relato, lento y con la voz entrecortada.

—Tú sabías que me andaban buscando, que las autoridades me vigilaban de cerca por el tema de la política. Así que mi madre organizó la fuga, la forma de desaparecer. Haríamos como que me habían matado en una emboscada en la montaña. Mis amigos harían correr la voz por toda la comarca y también te convencerían a ti de mi muerte. Yo me marché en barco a Argentina. El día que salí de casa me marché a la Coruña y allí estuve escondido dos días hasta que embarque. Mis padres me dieron dinero para pagar y sobornar a los del barco y para vivir un tiempo allí. Estuve dos años en Buenos Aires, después murió mi hermano Amancio y mis padres me avisaron y regresé. Ocupé la identidad de mi hermano. Ahora soy Amancio Pinto. Mis padres no dieron parte de su fallecimiento y así pude regresar y tener todos mis papeles en regla. Me casé con Mariana y tenemos dos hijas.

Eso fue todo.

Entonces él empezó a caminar lentamente con la cabeza baja y así vieron las dos primas como desaparecía en la curva del camino.

Clementa, se había mantenido muy cerca, de pie frente a él, mirándolo a los ojos sin articular una sola palabra, sin pestañear, sin mover ni un músculo. Cuando Julio desapareció en el recodo del camino, ella se dejó caer de rodillas y empezó a vomitar y a llorar convulsivamente. Se limpió la boca con la manga de la blusa. Entre sus dedos se escurría una mezcla de lágrimas, sudor y sangre. Su prima la miraba con el corazón encogido. De repente la veía envejecida, herida, sin fuerzas, sin vida en sus ojos. La veía acabada. Se arrodilló a su lado y la atrajo hacia sí abrazándola con todas sus fuerzas. Así permanecieron mucho tiempo. Hasta que Clementa empezó a aflojar la fuerza con la que se asió a su prima y poco a poco se puso de pie.

—Ramira, tenemos que regresar a casa. Quiero que me prometas que esto que ha pasado hoy nunca jamás lo volveremos a hablar. Nadie, nadie debe saber lo que ha pasado. Júramelo.

Ramira se levantó del suelo y sujetó por la cintura a su prima que a duras penas se tenía en pie. Su aspecto era deplorable, tenía sangre seca en su cara y en su pelo, sus heridas estaban sucias de tierra y maleza, tenía sus ropas hechas jirones. Apretó suavemente su cintura y emprendieron el camino despacio. Muy duro y difícil se les hizo llegar hasta el río Oribio, caudaloso y alegre, con sus aguas transparentes. Bajaron por una pequeña rampa que las acercaba a una de las orillas. Todo estaba lleno de arboleda, chopos y negrillos que hacían del lugar un espacio discreto, perfecto porqué así quedaban ocultas de las miradas de vecinos o transeúntes. Se quitaron la ropa, se lavaron las heridas. Se secaron con las enaguas y rompieron unas tiras de las mismas con las que se taparon las mordeduras de los perros. Se colocaron la ropa lo mejor que pudieron y emprendieron el camino de regreso. Habían pensado en acercarse al monasterio y pedir ayuda pero lo desestimaron. Tendrían que dar explicaciones y no les interesaba hablar de aquel tema.

Al pasar por la puerta, camino de Sarria, había comentado a su prima:

—San Julián de Samos, seguro que el nombre de Julio era por este monasterio.

Cuando Clementa llegó a su casa llamó a sus hijos, los mandó sentar alrededor de la mesa y les dijo:

—De hoy en adelante ¡!NUNCA, NUNCA, JAMÁS! se volverá a pronunciar el nombre de Julio Pinto en esta casa. Quiero que me lo prometáis. ¡Qué me lo juréis!

Los jóvenes no se atrevieron a preguntar y respetaron la voluntad de su madre.

Araceli se quedo callada, Bárbara no daba crédito a lo que acababa de oír.

—¿Te das cuenta? Siempre creímos que mi abuelo había muerto de un tiro en una emboscada en el monte. Todos lo creíamos, mis tíos, mis primos. Ahora que la abuela está tan enferma, llamó a todos y les contó toda la verdad. Como pasaron tantas necesidades y sufrimientos, no comprendían como su padre nunca se interesó por ellos, por verlos, por ver si les faltaba algo. Porque su familia tenía dinero, ganado y podía haber ayudado. Y para más dolor, es que vivían relativamente cerca, ¿Comprendes? Mi tío Andrés se lo tomó muy mal y mis tías no paraban de llorar.

Araceli y Bárbara se dieron cuenta de que se les había hecho muy tarde y aceleraron el paso puente arriba dirección al barrio de La Estación.

CAPÍTULO 13

CORAZÓN DE LA TIERRA

Estaba agotado, ya eran muchos días encerrados en la mina sin ver la luz del sol, sin respirar aire puro ni abrazar a su familia. Y eran también muchos días sin dormir en una cama, ni sentarse en su mesa a comer un buen caldo gallego, ni tomarse unos vinos en el bar de Agustín con sus amigos, ni coger su caña de pescar y río arriba echar unos anzuelos. Ya no tenía claro los días que llevaban allí. Quizá 50 días, ¿o más? Ya había perdido la cuenta. En un tronco de madera hacían muescas con una navaja, una por día, como habían visto en alguna película antigua. Dentro de la mina no existía ni el día ni la noche. En la mina todo era oscuro, todo era negro. Ya empezaba a estar un poco desconcertado, contaba el tiempo por las horas del reloj. Lo de las muescas en el tronco era más para quitar hierro a la situación que por otra cosa. No tenía ni idea de cómo se podría resolver aquel conflicto.

Ahora, sentado sobre unos tablones con la cabeza apoyada en un costero de la mina y con los ojos semicerrados analizaba el cómo, de dónde venía y adónde iba .

Santiago había llegado a Matarrosa del Sil junto a su madre y a sus cuatro hermanos. Él era el tercero y en aquel entonces tenía sólo cinco años, pero aún así recordaba perfectamente aquel viaje. Atrás quedaba Laxe y Ponteceso donde habían transcurrido sus primeros años de vida. Las playas de aquel mar bravo era todo lo que la familia conocía. Su padre había emigrado a la zona minera atraído por el trabajo en las obras del canal y como último recurso el trabajo las minas. De igual forma le tenía miedo al mar, como recelo a las profundidades de la tierra.

—Nos veremos pronto. Si encuentro empleo y veo que el trabajo es para algún tiempo, os venís todos.

Eso les dijo Jerónimo en el momento de la despedida en aquel día lluvioso cuando se subía al camión de reparto del pescado que, a su paso por la Coruña, dejaría al viajero cerca de la estación, donde cogería el tren hasta Ponferrada.

Su tiempo en Galicia había terminado. El trabajo en la zona escaseaba y Jerónimo había tomado una decisión. Siempre se había desenvuelto entre la albañilería y la pesca, no es que fuera un albañil profesional pero en pequeñas obras se desenvolvía bien. Sabía arreglar tejados, hacer cuadras para el ganado y otras pequeñas obras que sus clientes le encargaban. Cuando no tenía trabajo en tierra firme iba al mar a pescar. Algunos pescadores contaban con él cuando la pesca era más abundante pero a él no le gustaba. La verdad es que tenía miedo, sufría mucho y tenía motivos para ello, ya que en dos ocasiones había salvado su vida de milagro. Cuando iba a pescar era por obligación. Tenía mucha intuición, tanto es así que en las dos ocasiones antes de subir a la barca sintió una desazón muy grande, como si supiera lo que iba a pasar. En el último naufragio, cuando las olas pasaban por encima del barco, cuando el patrón decía que el barco no respondía, que iban a la deriva y por radio pedían socorro una y otra vez, se prometió a sí mismo que si salía con vida de aquella situación sus pies estarían siempre sobre la tierra. Salvamento marítimo, como ángeles de la guarda llegaron a tiempo. Ya cuando todos estuvieron a salvo en el puerto, Jerónimo se reafirmó en su promesa.

—Mantendré los pies sobre tierra firme siempre.

Había llegado a Matarrosa en la primavera de 1945. Pronto empezó a trabajar arreglando tejados y haciendo pequeñas reparaciones. También lo contrataron como albañil en las minas de Caleyo. Su primera obra fueron las duchas, para que los mineros pudieran asearse, del edificio donde se instalaron. Así empezó una nueva vida. Se adaptó pronto y se dio a conocer por toda la zona. Hizo algunos trabajos en Santa Leocadia y Fabero, pero especialmente en Librán. Fue en este último pueblo de donde le llamaron para arreglar una cocina, después de haber arreglado unos tejados. Un trabajo le llevaba a conseguir otros. Pero el tiempo pasaba y daba largas para traer a su familia. De vez en cuando les mandaba algo de dinero y pocas cartas. Para él, en aquellos tiempos tan duros, cuando todo faltaba y la posguerra sólo había dejado miseria, pobreza y mucho dolor, era muy cómodo estar sin una mujer pidiendo dinero y sin sus niños agobiando su vida con sus necesidades.

Jerónimo llevaba más de un año en Matarrosa. Aquel sábado regresaba de hacer un trabajo en Santa Leocadia. Venía dispuesto a reunirse con unos compañeros para echar la partida y tomar unos vinos, pero grande fue su sorpresa cuando se encontró a Claudia y a los niños. Lo estaban esperando en la puerta de la casa donde estaba de pupilaje.

Claudia había tomado la decisión de presentarse sin avisar viendo el poco interés que su marido demostraba en reunirse con la familia. Conociendo su naturaleza, su intuición le decía que tomara una decisión. Sin pensarlo dos veces sacó un bote que tenía escondido en un hueco de la pared con el poco dinero que tenía y que había guardado cuando Jerónimo había trabajado en el mar. Con unas buenas capturas le pagaron unas pesetas extras y ella las guardó. Nadie lo sabía y menos Jerónimo que se las habría reclamado para irse al bar a beber con sus amigos.

Sacó dos billetes de tren desde la Coruña a Ponferrada. Esperaba no tener problemas viajando cinco personas con dos billetes. Antonia, su hija mayor y ella se encargaron de la pequeña y de cargar con un cesto y unos hatillos que casi llevaban medio a rastras y entre Carmelo y Santiago se ocuparon del equipaje que tenían. Claudia no sabía con que se iba a encontrar. Hacía más de un año que su marido se fue. Sabía que tanto tiempo sin una mujer para un hombre como él no era posible y la duda la estaba consumiendo. Sospechaba que podía estar liado con alguna mujer de la zona. Esa fue una de las muchas razones por las que tomó una decisión tan repentina y ni tan siquiera le escribió diciendo que pensaba reunirse con él, por si él le decía que no o ponía algún impedimento.

Ella lo había pasado muy mal trabajando día y noche. Jerónimo apenas enviaba dinero a casa, así que ella se vio obligada a mariscar y dejar a los niños solos. Mariscar era duro, todo el tiempo con el agua del mar a medias piernas e incluso cuando había olas hasta la cintura, en una constante posición entre doblada y agachada y con una azada en la mano para retirar la arena y desenterrar las almejas. Todo esto tanto en invierno como en verano, durante horas, para sacar unos kilos de almejas, que vendía o cambiaba por otros comestibles. Incluso en alguna ocasión se vio obligada a pedir ayuda a su familia. Ella pertenecía a una familia de clase media. Tenían tierras, viñas, vacas, una buena casa donde no hacía frió, donde se encendía el fuego en invierno. Pero ella sólo pedía leche para sus niños y patatas de la huerta y siempre estaba agradecida. Su familia se había opuesto rotundamente a la boda con Jerónimo pero ellos se casaron casi en secreto y la familia no se lo perdonó. Cuando ella desesperada recurría a pedirles alimentos siempre le daban cuatro patatas y algunas coles pero le echaban en cara su situación, recordándole que su marido ni siquiera alimentaba a sus hijos y la tenía abandonada.

Claudia vivía en una casa de una sola pieza que estaba situada al lado de un riachuelo de poco caudal y que llenaba de humedades la vivienda. Era lo más barato que encontró después de irse Jerónimo. Antes de su marcha tenían una casa un poco mejor, de dos estancias, una donde se hacia el fuego y la comida y la otra donde se dormía. Ahora estaba todo junto. En una esquina tenían un colchón donde dormían juntos los cinco y en la otra esquina se hacía el fuego y se guisaba cuando había leña, que no era siempre. Alguna noche había tenido que salir a recoger cuatro leños para poder hacer la comida. Los niños estaban casi siempre solos y ella sufría mucho por los peligros que pudieran correr, por el hambre que pasaban, por el frío, porque cuando estaban enfermos no podía cuidar de ellos, porque no iban a la escuela, porque eran como perritos callejeros. Lloraba mucho y por muchas cosas y por más y más que se esforzaba no era capaz de salir adelante.

Un día de regreso de la playa, cuando caminaba por la vereda de la huerta del señor Cosme, preocupada por no saber que le daría a sus hijos de cenar aquella noche y sin pensar en las consecuencias, cogió su mandil por las dos puntas a modo de bolsa y, a toda prisa y sin mirar si alguien la pudiera estar observando, cogió de la huerta unos tomates, unos pimientos y unas judías. A toda prisa se fue para casa. Coció las judías, cortó los tomates por la mitad y les añadió un poco de sal. Cuando los niños estaban terminando de cenar las judías cocidas llamaron a la puerta. Una pareja de la Guardia Civil le pidió que los acompañara. Habían interpuesto contra ella una denuncia por robo. Claudia estuvo a punto de perder el conocimiento, le flaquearon las piernas. Se repuso como pudo y se dirigió a sus hijos diciéndoles:

—Niños portaros bien. Yo vuelvo enseguida. Terminar la comida y cuidar de los pequeños.

Salió de casa detrás de los guardias. Su cabeza era un torbellino, les explicaría, ellos comprenderían, tenían que comprender. Estaba anocheciendo y los niños estaban solos.

Cuando llegaron al cuartel de la Guardia Civil, la encerraron en un calabozo. Nadie escuchaba sus súplicas y hasta en un par de ocasiones le dijeron que se callara. Estuvo toda la noche llorando, pidiendo una y otra vez:

—Por favor, avisen a mi familia. Que recojan a mis niños, Por favor, ¡los niños están solos! Por favor, ¡mis niños!

Estuvo encerrada 48 horas, dos días en los que no paró de llorar y suplicar. Se quedó completamente ronca. No pudo decir ni una sola palabra cuando abrieron la puerta del calabozo.

—Claudia, no se puede robar. Has tenido mucha suerte, porque ha sido tu primer delito. La próxima vez las cosas no te resultarán tan bien. Ya estás fichada. El castigo será mucho más duro. Puedes irte —le dijeron.

Era una mujer derrotada. Estaba sin fuerzas, con el corazón roto, con la incertidumbre de no saber lo que se encontraría en casa. Arrastrando sus pies pero sacando fuerzas de flaquezas llegó a casa. Allí estaban sus hijos. En cuanto abrió la puerta y la vieron se pusieron a llorar. Ella los abrazó con fuerza permaneciendo así un largo rato.

—Mamá creíamos que no volverías nunca. Creíamos que te habías marchado y no regresarías. Pensábamos en irnos a Matarrosa a buscar a papá —repetían los niños.

Los niños le dijeron que Peregrina, la vecina, había venido al escuchar que lloraban. Les había traído un poco de caldo y les dijo que no se movieran de casa. Los niños muy asustados no se atrevieron a salir.

Claudia reflexionaba sobre lo sucedido. Sus hijos eran su máxima preocupación y su mayor prioridad y éste era otro de los motivos para tomar la decisión que tomó. Se aseó, lavó su cara, peinó a los niños y salió a la calle decidida. Caminaron hasta llegar a casa de su familia. Una vez más suplicó que dieran de comer a sus hijos. En la casa se encontraba su hermana Julia, con la que siempre se había llevado muy bien. La abrazó con fuerza y cariño. Puso en la mesa pan y leche e hizo una tortilla que los niños devoraron con deleite.

-Claudia, papá no te va a perdonar. Sabes que no quiere a Jerónimo y eso no va a cambiar. Vete con tu marido, no te quedes aquí. Por muy mal que estén las cosas en el pueblo vete donde está Jerónimo. Estaréis juntos y para los niños será mejor. Esto es una carga muy grande para ti sola. Te voy a dar algunas cosas de comida. Hoy puedo hacerlo porque no está padre ni tampoco nuestros hermanos. Sabes que ellos no lo permitirían —le dijo su hermana Dolores.

Dolores hizo un hatillo con algunos alimentos y se lo entregó a su hermana. Se abrazaron y Claudia junto a sus hijos salió de la casa. Estaba segura de que tardaría muchos años en volver. Según se alejaba se encogía su corazón. Atrás dejaba su vida pasada, sus hermanos, su infancia, su familia y sus recuerdos.

De regreso a casa hizo un repaso de las cosas que tenía, poco había que tuviera algún valor. Puso encima del colchón la poca ropa de los niños. Hizo una tortilla de patatas y coció el resto de los huevos que su hermana le había dado. Los otros alimentos los cocinó también para comerlos ese mismo día.

A continuación fue a casa de su vecina para despedirse:

- Peregrina, nos marchamos con mi marido. Puedes venir a casa y si ves alguna cosa que te sirva, puedes llevártela. Quiero darte las

gracias por tu apoyo y ayuda en tantas ocasiones, a pesar de que tú también tienes tus problemas.

Jerónimo se quedó muy sorprendido al encontrarse con toda su familia allí. No sabía si enfadarse o alegrarse. Abrazó a los niños y a Claudia. Ahora tenían que buscar un alojamiento para todos.

Sin tiempo y precipitadamente alquilaron un trozo en un pajar cerca del corral del molinero. Estaba situado en el callejón que bajaba de la carretera hacia el campo. Fue lo único que encontraron. En aquel pajar las gavillas de paja se amontonaban en un lado, mientras que el resto del espacio lo ocuparía la familia.

Claudia estaba desolada. Le parecía un sitio horrible para vivir. Esperaba encontrar pronto otro lugar. Una vivienda más acorde con una familia. Aquello era para los animales, pero de momento tenía que aceptar las circunstancias. Aunque pondría todo su empeño en salir pronto de aquel lugar, cuidar de su familia y poner un plato de comida en su mesa, eran ahora su máxima preocupación. Claudia y Jerónimo deshicieron una gavilla de paja para hacer un poco de mullido en el suelo y esa primera noche durmieron todos juntos.

La familia poco a poco se fue incorporando a la vida de aquel pueblo minero. Jerónimo trabajaba, los dos niños más mayores empezaron en la escuela de don Manuel y doña Rosario, mientras que los pequeños jugueteaban en el pajar donde vivían. Algunas veces Claudia los llevaba con ella a lavar la ropa al riachuelo de Cueñas. Cargaba con un barreño de zinc en la cabeza lleno de ropa sucia y una pastilla de jabón que ella misma hacía con los aceites viejos y, en una mano, llevaba una bolsa con pan y algo de queso y tocino. Allí pasaban todo el día. Llegaban por la mañana y regresaban a última hora de la tarde con toda la ropa limpia y seca. A los niños les gustaba mucho acompañar a su madre a lavar la ropa ya que podían correr por el monte, coger flores silvestres y jugar al escondite, entre otras cosas. Además Claudia ponía al borde del agua unas losas de pizarra a modo de lavadero, muy comunes y abundantes en la zona, y les daba los calcetines para que los lavaran. Los pequeños se afanaban restregando el jabón para que hiciera espuma. A los niños les gustaba mucho disfrutar del agua, aunque aquel jabón que hacía su madre con los restos de aceite usado limpiaba mucho, de espuma no hacía ninguna. Finalmente Claudia acababa por lavar ella los calcetines cuando ya toda la ropa estaba tendida en los zarzales del entorno para que se fuera secando.

Llamaba a los niños para que todos juntos se sentaran en la hierba justo al lado del riachuelo, sacaba de su bolsa la comida que había traído y la repartía proporcionalmente entre sus pequeños.

Pero no siempre podía llevar a los niños con ella. La noche anterior, Santiago se había encontrado mal y había vomitado, manchando su ropa y la de su hermana. Como no tenía recambio para los dos tuvo que ir al río un momento para lavar los pantalones y el vestido de los niños. Salió de casa a toda prisa, bajó la pendiente de piedras que había detrás de la iglesia y llegó al río Sil.

El Sil era un río caudaloso y se debía tener mucho cuidado para que la corriente, que era grande, no se llevara la ropa. Por esa razón siempre iba a lavar al riachuelo de Cueñas donde el caudal era suave y el peligro no existía. Pero aquel día tenía prisa y el Sil le quedaba más cerca. Sin perder un momento lavó las ropas de sus hijos. Cuando terminó de subir el pedregal del río, encontró a su vecina Catalina, que venía corriendo con los brazos en alto y llamándola.

—Claudia Claudia ¡Corre, corre!

Su corazón se aceleró, sabía que algo malo pasaba y sin preguntar corrió cuanto pudo en dirección a su casa. Al llegar a la esquina vio de lejos una humareda y gente que corría de un lado a otro. Sus piernas casi no la sostenían. El pajar estaba ardiendo. Nada más llegar buscó con desesperación a sus hijos y vio que lloraban desconsolados mientras que una vecina tenía en brazos a la más pequeña.

A raíz del incendio, del que no llegaron a saber nunca cómo se había producido, la familia se cambió a vivir a una casa que estaba en el callejón de Alonso por debajo de la carretera. La vivienda no era muy grande pero ya no era un pajar. Tendrían que dormir todos juntos, pero como personas pobres que eran, atrás quedó aquel lugar consumido por las llamas, donde vivían como animales.

Antonia, Carmelo y Santiago asistían a la escuela con regularidad. Esperaban la hora del recreo que era cuando repartían una porción de queso a todos los niños que tenían un trozo de pan. Era el queso y la leche en polvo que habían mandado los americanos. Había veces que los hermanos no tenían pan y corrían a casa diciéndole a su madre:

—Mamá, mamá, danos un trozo de pan para que nos den queso. Es que sino tenemos pan no nos dan.

Claudia, a quien se le encogía el corazón, no siempre podía dar ese trozo de pan a sus hijos. Es más, lo poco que tenía estaba cerrado en un cajón con un candado, ya que los niños en cuanto tenían ocasión se comían todo lo que encontraban. Había tomado la decisión de cerrar bajo llave la comida porque no era la primera vez que se disponía a preparar el macuto para que Jerónimo se lo llevara al trabajo y no encontrar nada que meter en la fiambrera. Ella consideraba que el hombre de la casa, el que trabajaba, debía tener su comida preparada, pero los niños no entendían de normas con la comida, sobre todo cuando tenían tanta hambre y muy pronto encontraron también la forma de acceder al cajón del pan. Desclavaban una tabla del fondo del cajón, sacaban el pan y lo mordían directamente, aunque nunca se lo comían todo. Creían que si dejaban un poco nadie se daría cuenta. Colocaban dentro el trozo restante y clavaban la tabla de nuevo.

Jerónimo trabajaba por los pueblos del entorno y hacía unos días que había terminado un trabajo en Librán. Le comentó a Claudia que tenía que subir a cobrar y preguntó a sus hijos mayores:

—¿Queréis venir a Librán y ver dónde trabajo?

Los niños estaban encantados. Eran casi las once cuando Antonia, Carmelo y Santiago emprendían el camino a grandes zancadas para seguir a su padre hacia Librán.

Hacía frío. La nieve lo cubría todo. Éste había sido un invierno duro y cruel para los habitantes de la zona. Las nevadas se habían sucedido una tras otra y esta última había sido grande y todavía se mantenía cubriéndolo todo con un precioso manto blanco. El frío era intenso y la ropa de abrigo escaseaba. Caminaban bordeando la vía del tren.

Un poco antes de llegar a Alinos pasaron el río Sil por el puente colgante de San Luis al que le faltaban algunos de los travesaños de madera. Los niños tenían miedo de pasar. Sus piernas eran cortas y por los agujeros se veía el agua correr con toda su fuerza haciendo un ruido atronador. Uno a uno pasaron todos con la ayuda de su padre y ya en la carretera miraron atrás asustados. Al llegar a Alinos cogieron el sendero hacia Librán. Caminaron entre matojos encontrando algunos tramos de la vereda más marcados y despejados debido al paso de personas o animales que subían y bajaban a Toreno o a Alinos. Pero ese invierno tan duro y con tanta nieve había hecho que el tránsito por el lugar fuese escaso y la maleza había crecido en exceso, provocando en más de una ocasión el haber estado a punto de perder el sendero. Todas aquellas pendientes bordeando la montaña les estaban pasando factura, sobre todo a los niños, que empezaban a estar ya muy cansados. Pero por fin vieron la torre de la iglesia. Era un pueblo pequeño, con sus casas y establos llenos de paja. Las cuadras estaban casi todas debajo de la vivienda. En realidad animales y personas compartían la morada, unos debajo y otros encima pero todos allí.

Jerónimo se encaminó a la cantina. Allí se encontró con Bernardino que lo estaba esperando. Después de hacerles unas carantoñas a los niños, Jerónimo les dijo que se sentaran al lado de la estufa de hierro que estaba en una esquina del bar y que se estuvieran quietecitos. Bernardino y Jerónimo se tomaron unos vinos y después fueron todos juntos a la casa. Dolores esperaba a su marido para comer, pero no esperaba que llegara acompañado de cuatro personas más. Rápidamente la mujer hizo unos huevos fritos para los niños, que comieron con un apetito desmedido. Jerónimo que se dio cuenta del hambre que tenían sus hijos y que serían capaces de comer todo lo que les pusieran y más, les hizo una señal con la cabeza que ellos entendieron a la perfección. Tanto es así que a partir de ese momento todo lo que Dolores ofrecía a los niños era rechazado por ellos diciendo que no tenían más hambre. Aunque la verdad era bien diferente.

Jerónimo y Bernardino hicieron una larga sobremesa, hablando, riendo y bebiendo aquel orujo blanco que ellos mismos elaboraban. Dolores le dio a Jerónimo el dinero por su trabajo y le comentó que estaban muy contentos con los arreglos que había hecho en la casa.

A media tarde, los niños estaban sentados de nuevo al lado de la estufa del bar. Jerónimo en compañía de otros conocidos y amigos bebían y cantaban apoyados en la barra de la taberna. Todos estaban un poco pasados con la bebida. Los niños, ya cansados de esperar, le dijeron a su padre:

—Papá, vámonos ya. Se está haciendo de noche.

—Ahora mismo, en un momento. Esperad un poco que ya nos vamos.

Así llevaba varias horas contestando a sus hijos.

Eran más de las once de la noche cuando caminaban hacia el sendero que los llevaría de nuevo a Matarrosa. Por suerte la luna brillaba en el cielo como si quisiera ser cómplice con los niños, en la tarea de arrastrar a su padre que casi no se tenía en pie. Se habían perdido. Los lobos aullaban a lo lejos y los niños estaban aterrorizados. De repente, todos rodaron por una escombrera de carbón, desgarrando todas las ropas, arañándose las rodillas y en la caída Jerónimo se clavó un guijarro en un oído, cosa que provocó que la sangre le corría por la cara y por el cuello. Los niños, que más ágiles, sólo se rompieron la ropa al engancharse en las zarzas y los matojos. Estaban asustados, pero a la vez actuando con determinación, sacaron a su padre de todos los tumbos que esa noche había tenido, que fueron muchos y después de no se sabe cuánto tiempo que habían tardado en bajar, caminaron por la vía.

Un tren carbonero bajaba dirección Ponferrada, cuando la potente luz alcanzó a los caminantes, soltando a la vez un silbido con toda su potencia. Allí, bajo aquella luz, se mostraba una estampa deplorable: tres niños y un hombre todos desarrapados, despeinados y sucios. Los tres a la vez tiraron de su padre hacia una orilla. Jerónimo casi no se tenía en pie pero era de tantas vueltas como había dado. El frío de la noche y el tiempo pasado hacían que la borrachera casi fuera ya un recuerdo. Los niños lo sujetaban con toda su fuerza, mientras el tren pasaba casi rozándolos. Santiago nunca olvidó aquella noche vivida junto a su padre y sus hermanos.

Eran muchos los recuerdos que acudían a su mente: la oscuridad de la mina, el silencio, aquel sonido suave del reguero, el agua buscando su camino.

Había ocurrido en la anterior huelga en el año 1962. Recordaba con cuanta pasión discutían las diferentes posiciones, el enfoque de la huelga, las distintas posibilidades para resolverlo y las acciones a desarrollar para conseguir los objetivos.

Estaban reunidos en el bodegón. No habían querido reunirse en El Centro para no llamar la atención. Sabían que tenían espías por todas partes y que les vigilaban muy de cerca. Creían que en los bares pasaban más desapercibidos. Pero tenían el inconveniente de que podían llegar personas contrarias a la huelga e informar a la Guardia Civil o a la secreta, que por esos días abundaban por el pueblo. Fue por esa razón que decidieron hacer la reunión a las dos de la madrugada. Asistieron un grupo muy reducido. Allí tomaron la decisión de que Santiago y Pedro fueran a Madrid y se entrevistaran con el sindicato UGT. Expondrían a los compañeros sindicalistas el enfoque y las reivindicaciones. Querían conocer su opinión y escuchar sus consejos, aunque ellos lo tenían claro conservaban la esperanza de que en Madrid lo entendieran bien. Los mineros trabajan en las entrañas de la tierra, enterrados en vida. Era un trabajo muy duro. Una vez concretaron y aclararon lo que tenían que trasmitir el resto de compañeros informaría a la asamblea que se celebraría en Susañe, en el bar de Rolando. La reunión anterior se había celebrado en Páramo. Las hacían itinerantes para despistar la vigilancia pero no siempre lo conseguían. A veces se quedaban sorprendidos cuando los interrogaba la policía. Sabían todo lo que se había hablado en las reuniones incluso lo que había dicho cada cual.

Salieron del bar aparentando estar un poco pasados de copas, de dos en dos, queriendo pasar desapercibidos.

A las siete de la mañana Juan puso su coche en marcha. Él los llevaría hasta Ponferrada. Santiago y Pedro no llevaban ni una bolsa ya que sería un viaje de ida y vuelta. No se lo habían dicho a nadie, ni tan siquiera a su familia. Cuando llegaron a Ponferrada, Juan aparcó su coche un poco alejado de la estación. Santiago y Pedro caminaron deprisa, sin dejar de mirar a su alrededor. Se sentían vigilados o quizás fuera su inexperiencia. Estaban nerviosos, sentían una especie de vértigo, un nudo en el estómago. Subieron al tren puntualmente y, por fin, se relajaron un poco.

En Madrid vieron a su contacto rápidamente. Los tres caminaron durante unos quince minutos, entraron en un portal de aspecto sencillo y subieron por una escalera estrecha y poco iluminada. Tanto Santiago como Pedro tenían la sensación de estar cometiendo un delito. Notaron que su compañero sindicalista había estado mirando atrás y a los lados durante todo el trayecto, lo que contribuía a ponerlos más nerviosos todavía. Llegaron al tercer piso donde los recibió un hombre de mediana edad. Después de los correspondientes saludos se sentaron los cuatro en una sala de muebles sencillos, una mesa con seis sillas y una estantería con algunos libros y archivadores. Santiago empezó a hablar de la huelga: los objetivos, los inconvenientes, las deficiencias, la participación de los mineros, las represalias, de todo lo que se estaba desarrollando en la cuenca minera, de todo el sufrimiento humano que conllevaba la lucha y transmitió la preocupación por las decisiones a tomar. Estuvo hablando más de una hora. Querían que la huelga fuera muy efectiva, que las decisiones que tomaran reforzaran la lucha, pero también le preocupaba el coste social y que las familias mineras no salieran demasiado perjudicadas. Santiago sabía los muchos problemas y sufrimientos y tenía que procurar que fueran los menos posibles.

La reunión estaba transcurriendo con normalidad, pero también con nerviosismo por parte de todos. Los compañeros les explicaron que la policía registraba los pisos donde se reunían, por lo que cambiaban de lugar cada cierto tiempo. Los tenían fichados y los detenían a menudo. En los últimos días habían notado que los vigilaban más de cerca.

Tras tres horas de reunión, se dispusieron a tomarles los datos, pidiéndoles tanto a Pedro como a Santiago que se afiliaran, pero ellos tenían sus dudas. No querían que quedaran datos escritos de su viaje a Madrid. Estaban dispuestos a la lucha en las minas por su trabajo y por su dignidad como trabajadores, pero no tenían claro lo de afiliarse a un sindicato. Estaban en plena discusión defendiendo sus razones de porqué no querían constar en ningún registro inscritos, cuando sonó el teléfono y después de una breve conversación se levantaron y uno de ellos dijo:

—Tenemos que salir de aquí inmediatamente. Un compañero nos avisa de que va a venir la policía. Saldremos de dos en dos, sin llamar la atención. Vosotros id directos a la estación y regresad a Matarrosa.

Salieron del edificio, nerviosos y preocupados por estar fuera de su territorio. Ellos desconocían Madrid y no tenían conocidos o familia en la capital. Por suerte la reunión se había celebrado en un piso que estaba relativamente cerca de la estación de Atocha. No tardaron en llegar. Subieron al primer tren dirección a Galicia que pasaba por Ponferrada. Ya hacía unos años de aquel viaje.

Su compañero José Antonio lo zarandeó, lo sacó de sus pensamientos, lo trajo de nuevo a su presente. La huelga, el encierro, la mina.

Todo empezó de una manera un poco absurda, sin planificar, sin estudiar las posibilidades, sin una lista clara de las reivindicaciones, ni de las consecuencias. Los mineros estaban pasando una época difícil en sus relaciones con la empresa. Pagaban con mucho retraso, en los destajos del carbón siempre faltaba dinero. Después de pasar un mes trabajando muy duro, a la hora de cobrar el sueldo no se reflejaba el esfuerzo. Se pasaban los días reclamando repasar las cuentas y el recuento de la producción. Así llevaban una buena temporada. Aquel miércoles todo el grupo de picadores se disponían a empezar su relevo. Habían subido al trenecillo que los transportaba galería adelante hasta cerca del tajo, en la rampa correspondiente, sus candiles de carburo alumbraban levemente haciendo sombras alargadas y grotescas. La conversación entre aquel grupo de hombres, compañeros de penurias, era como cada día sobre las muchas injusticias y sobre las reclamaciones constantes que no se resolvían. Alguien dijo por decir:

—Me dan ganas de quedarme encerrado en la mina y no salir hasta que se resuelvan todas nuestras reclamaciones. No salir aunque me muera aquí dentro —dijo como si le saliera del alma.

—Yo estoy dispuesto, ¿quien más se quedaría? —contestó pronto otro compañero.

Un silencio se adueñó del entorno. Sólo se escuchaba el ruido metálico de las vagonetas rodando por las vías galería adentro. De repente, todos a la vez, empezaron a hablar, como si hubieran estado reflexionando, aumentando considerablemente el volumen. Una especie de nerviosismo se había apoderado del grupo. El resto del día transcurrió con los nervios a flor de piel.

El relevo acabó su turno y todos subieron al trenecillo que los sacaría de nuevo al exterior. Todos menos ocho. Ocho hombres, ocho almas, dispuestos a la lucha, a aguantar lo que hiciera falta, llenos de esperanza y convencidos de que sus peticiones eran de justicia y de razón. Aguantarían por ellos y por sus compañeros. Vieron como se alejaban las últimas luces de los candiles de carburo de los mineros, compañeros que salían de sus rampas, negros, sucios, cansados, algunos con sus ropas empapadas de agua y con sus rodillas desolladas de arrastrarse por las rampas que eran muy estrechas y de empujar el carbón con los pies hacia la cinta transportadora.

Después de unas palabras de ánimo al grupo que había decidido quedarse dentro de la mina y una vez estuvieran en el exterior, se ocuparían de contarle al capataz las razones del encierro. En unos días entregarían el listado de reivindicaciones. También avisarían a las familias y se encargarían de difundirlo por toda la comarca minera para que todos supieran que en la mina de Santa Cruz había ocho compañeros encerrados.

Cuando se quedaron solos, empezaron a pensar en cómo organizarse. El agua corría por la galería como un río, tenían que buscar la forma de alejarse de tanta humedad. En esas primeras horas, estaban ilusionados, nerviosos pero dispuestos. Se sentían grandes, sus corazones tenían un sentimiento solidario, cómplice, compartido con el grupo, se sentían fuertes y poderosos, casi eufóricos.

Colocaron unas traviesas de madera para quedar aislados del agua, comieron los restos de sus meriendas y se dispusieron a dormir.

Los días siguientes fueron un torbellino. Trabajaron mucho, estuvieron muy ocupados y no les dio tiempo ni a pensar. Se trasladaron a una galería más amplia. Con maderas acomodaron el lugar, hicieron apartados, para sobrellevar mejor la situación. Les trajeron mantas, comida y enseres de primera necesidad. El pueblo respondió muy bien. Los mineros de la zona de Caleyo, Escandal, La Cazadora, Murias, San Luis, Trinitario, Melendreras, Jarrina, Diego Pérez, Riola y muy especialmente de Santa Cruz se solidarizaron sin fisuras, unidos, dando su apoyo a aquellos hombres. Y ellos se dispusieron a esperar.

Por la noche llegaron en El Mixto un gran número de guardias civiles para reforzar a los que ya estaban en el cuartel de Matarrosa. Patrullaban por toda la zona constantemente.

Mientras, dentro de la mina, una parte del grupo redactaba las peticiones para ayudar a los compañeros en la negociación con la patronal y el resto del grupo se afanaba en construir un altillo con maderas que aguantaran bien a los ocho caminando por encima. Las tablas estaban mojadas y buscaron un ventilador, de aquellos que utilizaban para ventilar las galerías. Lo pondrían en marcha a toda potencia pera secar la zona donde habían elegido quedarse ya que allí pasarían mucho tiempo. Una vez terminado el altillo se pusieron a hacer una plataforma, a modo de literas, sería el lugar donde dormir. En realidad hacían todo aquello para estar ocupados, como si se tratase de un pasatiempo. Por sus cabezas no pasaba la idea de que el encierro se alargara demasiado. Pensaban que en unos días la empresa firmaría un pacto, pagarían todos los atrasos y la vida volvería a su cauce natural. Pero estaban equivocados, porque los días pasaban y nada sabían de las asambleas. Ellos habían redactado un documento con puntos de seguridad e higiene en el trabajo, que habían hecho llegar a sus compañeros para que los negociaran con la empresa.

Según la normativa vigente, las cosas debían ser así:

- Los locales destinados al aseo de los trabajadores, lavabos, duchas, etc... tenían que ofrecer buenas condiciones de amplitud y de limpieza.
- En aquellos casos o trabajos en los que debido a su peligrosidad o características de suciedad o peligro para la salud se dispondría de lavabos, duchas provistas de agua caliente y fría, jabones antisépticos, cepillos, toallas y secadores de aire caliente.

El número de grifos o alcachofas debería ser, como mínimo, de uno por cada diez obreros, también una ducha por cada diez obreros, de las cuales, por lo menos la cuarta parte se instalarían en cabinas individuales. Todo el equipo de aseo, jabón, cepillo etc... sería de uso exclusivo y personal de cada obrero.

• Los suelos y paredes de estos locales serían lisos, impermeables y lavables. Estas dependencias estarían siempre limpias, en perfecto estado de conservación y exentas de charcos y de humedad. Una vez al día se haría una limpieza a fondo, se repasarían las veces que fueran necesarias dependiendo de su uso.

• En los locales para cambiarse de ropa los obreros habrían bancos, perchas y armarios en un número proporcional al de obreros.

Eso decían las normativas. Pero los hechos eran otra cosa. Así que se esmeraron en recalcar las deficiencias, exponiendo que: las duchas, tal y como se veía en el articulado anterior, tenían que ser suficientes, amplias y sanas con sus correspondientes taquillas, perchas, etc... Pero eran muy pocas en proporción al número de trabajadores, incluso en más de una ocasión había desaparecido ropa y enseres.

El agua caliente era escasa e insuficiente para los distintos turnos y algunos de ellos tenían que ducharse con agua fría. Además en la época de verano el agua escaseaba.

El suelo estaba en malas condiciones. Se hacían charcos ocasionando resbalones y caídas.

La mala ventilación conllevaba a humedades y a malos olores. Tampoco disponían de retretes, los pocos que había estaban cerrados, por lo que los obreros tenían que hacer sus necesidades en cualquier sitio.

Parte del cableado eléctrico estaba desprotegido, especialmente en el pozo plano de Escandal. La línea que conducía la energía a las bombas de agua estaba al alcance de la mano y en muchos sitios completamente destapada.

Otro de los peligros para los mineros era el acceso del personal por el pozo plano que no disponía de escaleras. Eso dificultaba la subida o bajada del personal. Las medidas de ventilación no eran las adecuadas. Se estaba barrenando a polvo, algunos ventiladores estaban parados.

Redactaron un documento de intenciones, una lista de reivindicaciones. Lo primero y lo que tenía más angustiado al grupo era que les pagaran todos los atrasos y que la empresa se comprometiera a pagar siempre a primero de cada mes.

Cada uno había aportado su idea y el documento había quedado bien. Ahora les tocaba seguir con los arreglos en la galería y esperar que las negociaciones terminaran pronto para poder salir de allí.

Las maderas que tenían eran muy rudimentarias pero cumplían de sobra con sus necesidades. Sobre el altillo dormirían y se mantendrían alejados del agua. Una vez estuvieron instalados se pasaron muchas horas discutiendo los términos de sus peticiones. Querían que fueran claras, que demostraran su razón, que su encierro era un acto desesperado y no demostrar que eran peleones y folloneros. Sólo hombres que luchaban por sus puestos de trabajo y por cobrar a final de mes para alimentar a sus familias. Eran mineros, hombres duros y fuertes que sabían hacer bien su trabajo, pero tenían su dignidad. Una vez redactados los documentos después de repasarlos una y otra vez, llegaron a la conclusión que no los podían mejorar más. Quedaban bien claras cuáles eran sus reivindicaciones. Se entretenían jugando a las cartas, hablando, pensando y discutiendo. Pero los días pasaban y no tenían noticias de lo que se ocurría fuera. El encierro empezaba a pasar factura. Remigio llevaba dos días tosiendo y tenía dificultades para respirar. El grupo lo obligó a que saliera. Tenía que tratarlo un médico, sus bronquios estaban delicados y no podían dejar que aquello fuera a más.

A medida que pasaban los días los ánimos del grupo estaban más bajos. No era extraño ver a alguno de aquellos hombres llorar amargamente y ver sus almas rotas. Sentían como el tiempo pasaba y nadie les daba respuestas. Pensaban en sus familias, en la vida de sus hijos. Ya había llegado el mes de mayo y fuera el valle del Sil florecía con fuerza y sus pequeños huertos esperaban los planteles.

Pascual estaba muy desanimado y especialmente sensible. Su niña Rosalía hacía la primera comunión. Él nunca pensó que llegaría el día y estaría todavía encerrado en aquel lugar. Desde el exterior les llegaban palabras de apoyo. Sabían que la minería al completo estaba con ellos, pero eso no consolaba a Pascual que pasó varios días llorando.

El tiempo pasaba, entre días de desánimo y otros muchos días de fuerza y decisión. Ya era tanto el tiempo que llevaban recluidos que estaban dispuestos a seguir con el encierro cuanto hiciera falta. A pesar de muchos momentos amargos y de flaqueza, que sólo eran momentáneos, sus fuerzas seguían intactas como las del primer día.

Un capataz, acompañado de un cabo y una pareja de la Guardia Civil, habían ido a hablar con don Luis. Llamaron a su puerta. Él los recibió y escuchó con atención todos sus argumentos. Le propusieron que hablara con los mineros para que desistieran en su encierro y retomaran el trabajo, del mismo modo que también le insinuaron, que estaban seguros que si él mediaba la huelga acabaría de inmediato, ya que tenía mucha influencia entre los trabajadores.

Don Luis no salía de su asombro y les comunicó que él no tenía nada que ver con lo que estaba pasando en las minas.

—Lo siento pero nada tengo que ver con ese tema. Ustedes me sobrevaloran. Se equivocan si piensan que yo organicé esta huelga o el encierro y no tengo ninguna intención de hablar con nadie. Es sólo decisión de los mineros. Eso sí, ayudaré a los mineros y a todas las personas en todo lo que pueda.

—El Gobernador Provincial de León se va a quedar muy decepcionado con usted. Me ocuparé de hacerle llegar un informe comunicándole su negativa a colaborar —contestó el cabo de la Guardia Civil.

Se despidieron con educación pero fríamente y se dispusieron a salir de la casa. Don Luis les acompañó a la puerta. Grande fue la sorpresa cuando vieron que la calle estaba llena de gente. Se había corrido la voz de que el cabo y la pareja de la Guardia Civil acompañaban al capataz de la mina de Santa Cruz a hablar con el párroco. Espontáneamente se habían concentrado allí. Grande era la preocupación de los vecinos por si se llevaban detenido a don Luis y eso fue lo que les hizo reaccionar y concentrarse. Cuando les vieron salir de la casa se pararon en la puerta. Se palpaba un gran y tenso silencio en el ambiente. La gente tenía miedo, pero a la vez se sentían valientes. Fue entonces cuando el cabo se dirigió a los concentrados y les dijo:

—Vuelvan a sus casas de inmediato. Sino quieren que les llevemos al cuartel de inmediato. ¡Fuera de aquí!

La gente empezó a caminar despacio en dirección a sus casas. Algunos no se resignaron y miraron hacia atrás vigilando hacia donde se dirigían tanto el capataz como la Guardia Civil. En cuanto los vieron doblar la esquina del campo dieron media vuelta y casi a la carrera llegaron de nuevo a la puerta de la casa del cura. Éste les abrió y rápidamente entraron cerrando la puerta a su paso. Estaban preocupados por los acontecimientos y estuvieron hablando hasta bien entrada la noche. Pedro comentó que algunos de ellos se habían guardado algunas piedras en los bolsillos por si las cosas se ponían feas. Esa ocurrencia les hizo reír, aunque la preocupación por la situación en las minas tomaba fuerza y les seguía angustiando mucho.

A medida que pasaban los días la huelga se iba complicando. Habían empezado a traer trabajadores de otras zonas. Llegaban autobuses por la mañana llenos de mineros que entraban en las minas a sacar el carbón. Estaban reventando la huelga. La preocupación crecía por momentos. Ese mes nadie había cobrado su sueldo. Alguno de ellos había seguido trabajando sin importarles el desprecio que mostraban por esta decisión sus compañeros y el pueblo en general. Por si toda esta tensión no fuera suficiente, las mujeres habían esperado en el cruce de Caleyo a los mineros esquiroles y, como consecuencia, todas tuvieron que ir a declarar al cuartel. El dinero faltaba y no se podía comprar ni lo más básico. En estos momentos habían sido de gran alivio las palabras de Gerardo el panadero:

—Mientras yo tenga harina aquí no faltará el pan. Ya me lo pagaréis cuando todo esto pase.

La libreta donde se apuntaba el pan que la gente pedía y que a final de mes pagaba estaba aumentando enormemente.

Aquel miércoles por la mañana, al fondo de la galería donde la oscuridad lo dominaba todo, aquellos hombres vieron una luz que se acercaba. Todos se quedaron mirando y esperando la llegada de la visita. Aguardaban noticias, querían saber cómo se desarrollaban las negociaciones fuera. Ya eran cincuenta y dos días en aquel negro, oscuro y frío mundo donde la oscuridad aclaraba la mente, donde las reflexiones eran más profundas, donde el alma afloraba con pasión, donde los sentidos se agudizan, y donde se hicieron más sabios sin tan siquiera saberlo ni sentirlo. Eran héroes y su lucha los había convertido en auténticos titanes.

Era su representante el que venía a verles. Después de los saludos correspondientes les dijo:

—Tenéis que salir. Ha llegado gente de León y firmarán los acuerdos.

Se quedaron en silencio. Era, sin duda, algo muy esperado, pero, sin embargo, estaban sorprendidos y dudosos. No estaban seguros de lo que estaba pasando. Aquellos hombres valientes empezaron a caminar alumbrados por la tenue luz de sus candiles galería adelante. Fueron casi cuatro kilómetros bien largos. Estaban cansados, nerviosos, pero caminaban sin prisas, como si quisieran alargar un poco más su lucha e interiorizar sus vivencias. Cuando vieron un puntito de luz a lo lejos, se les erizó el vello. ¿Qué encontrarían fuera? Al salir por la puerta de la bocamina un aplauso atronador rompió el silencio. Una luz cegadora agredió sus ojos e impidió que aquellos hombres luchadores y valientes vieran la gran multitud que esperaba a su salida. Con los ojos cerrados y, de uno en uno, los metieron en unas ambulancias dirección al hospital de Ponferrada.

CAPÍTULO 14

EL PASTOREO DE LAS VACAS

Atrás quedaba la huelga minera. Matarrosa había recuperado la normalidad cotidiana. El teatro, el ballet, las conferencias, los seminarios, las excursiones y muy especialmente los libros, ocupaban una buena parte de la vida de los jóvenes de Matarrosa.

Camino y Ofelia se encontraron con Bárbara. Juntas caminaban hacia el taller de costura de Anita, hablaban, reían y comentaban como el pretendiente de Camino se hacía el encontradizo. Camino era muy dura con él y por más que Felipe se empeñaba en agradarle, ella más lo rechazaba y lo trataba con indiferencia. Le comentaba a sus amigas que en verdad le gustaba mucho, pero que cuando lo veía se ponía muy nerviosa y le hablaba con desdén, como sino le importara. Ni ella misma entendía porque lo trataba así, ya que con esa actitud ella sufría y mucho.

Camino había llegado a Matarrosa hacía un año. Su familia era de Quintanilla de Babia. Sus padres se vinieron a Matarrosa hacía años pero ella se había quedado a vivir con su abuela Isabel. Fueron muchos los años en que Camino vivió entre las vacas y las minas de carbón, una vida llena de contrastes. Su abuela era una mujer que, desde que su marido desapareciera al terminar la guerra, se tuvo que arreglar ella sola para todo: cuidar el ganado, cultivar la huerta, traer leña para cocinar. Por eso cuando su único hijo se fue a vivir a Matarrosa dejó durante un tiempo a su nieta Camino con ella. Isabel aún era joven y trabajaba muchísimo. Era una persona solidaria, compartía muchas cosas con sus vecinos, después de terminada la guerra y durante mucho, mucho tiempo, la miseria y el hambre se habían instalado en los pueblos y en Quintanilla de Babia especialmente. Las minas y el carbón no eran suficientes y muchas familias vivían en la pobreza más absoluta. Pero como casi todos los pueblos mineros tenían un gran espíritu combativo, de unidad, de respeto. Isabel no necesitaba gran cosa para ella y su nieta. Con poco les llegaba. La huerta, el corral y la leche eran suficientes para comer, hacer conservas y queso y compartía con sus vecinos más necesitados una parte de sus viandas. Era habitual ver a la abuela y a la nieta en medio de la cocina, con las puertas abiertas de par en par, una a cada lado de la pequeña mesa de madera, con todos los utensilios colocados, dispuestas a hacer queso. A la pequeña Caminito le encantaba hacer queso con su abuela. Las puertas abiertas les permitían ver los árboles mecerse a la voluntad de la brisa del viento, podían ver las flores brotando con fuerza y el verde intenso dominando el paisaje. Lo disfrutaban y lo sentían.

Todos los vecinos que pasaban se paraban a hablar con ellas:

—Buenas tardes vecinas. Se os ve contentas. ¡Se nota que la primavera os sienta bien! Qué, ¿haciendo queso?

—Quiero enseñar a Caminito los secretos de las recetas familiares, jeje. Es una chica muy lista y aprenderá pronto —decía la abuela.

Abuela y nieta les rían los piropos. La vida seguía. Isabel explicaba a su nieta el proceso:

—Quiero que aprendas bien a hacer queso. No es difícil pero tenemos que cuidar el proceso. Te explico y vamos haciendo. ¡Veras qué divertido!

Ante todo, ponemos la leche que ordeñamos anoche en esta olla grande aquí al lado del fuego. Dejamos que se caliente mucho pero sin que llegue a hervir. La dejamos un buen rato apartada del fuego, una media hora más o menos, para que pierda temperatura. Cuando la leche esté tibia le añadimos el cuajo o bien unas gotas de zumo de limón y lo movemos todo bien para que se mezcle. Lo dejamos en reposo cerca del fuego para que no se enfríe del todo y mantenga la temperatura tibia. Cuando veamos que está toda la leche cuajada, escurrimos el suero y poco a poco ponemos el cuajo dentro de este molde de madera. Estos moldes me los hizo tu abuelo con tiras de mimbre y son muy prácticos. Me los hizo de dos medidas, unos más grandes para cuando tenemos mucha leche y otros pequeños para cuando hay poquita. Así quedan los quesos muy redonditos. Una vez tengamos bien escurrido el cuajo, lo dejamos unos días en el molde para que se acabe de escurrir, después lo sacamos y lo ponemos en la bodega para que fermente. Lo tenemos que dejar entre cuatro y ocho semanas para que seque.

Mi niña, quiero que aprendas a hacerlos muy bien.

Isabel era una persona muy querida y en el pueblo le tenían mucho respeto. Todos le tenían mucho que agradecer. Años atrás un grupo de mineros habían mantenido un encierro en la mina. La Guardia Civil mantenía un cerco a todos los accesos y controles en los caminos y veredas. Querían impedir que les abastecieran de alimentos para que los mineros se vieran obligados a salir.

Isabel desde que desapareciera su marido se veía obligada a sacar a pastar a las vacas. Pasaba muchas horas caminando a paso lento detrás del ganado. Una noche llegó a casa y a la luz del candil estuvo cosiendo hasta bien entrada la madrugada. Cortó las mangas de una camisa vieja e hizo una especie de falda, con una cinta ancha para atar a su cintura, llena de bolsillos. Consiguió hacer hasta trece, unos pegados a los otros. Salió por la mañana temprano y fue llamando a cada una de las puertas de las casas de los mineros encerrados. Explicó su idea a sus vecinas y esposas de los mineros encerrados:

—Cada día cuando saque el ganado a pastar pasaré muy cerca de la bocamina y llevaré comida para los mineros. Me acercaré todo lo posible y dejaré todo lo que vosotras me tengáis preparado cuando pase. A mí, como me ven con las vacas, nunca me preguntan, ni me registran, ni me dicen nada.

Desde ese día Isabel llenaba sus bolsillos de comida. Se ataba aquella especie de falda a su cintura y encima se ponía su ropa, sus enaguas y su falda negra por el luto que seguía desde que su marido falleció. La carga de la comida era muy incómoda de transportar. A veces le dificultaba mucho el poder caminar con normalidad, pero contaba con la ayuda de las vacas que, al caminar despacio, le facilitaban su esfuerzo. Se apoyaba en el bastón que utilizaba para guiar a los animales. Con él se ayudaba a desplazarse superando las dificultades que le ocasionaban todos aquellos obstáculos que, alguna vez, le habían hecho hasta casi perder el equilibrio. Todos los días hacía el mismo recorrido. Guiaba al rebaño por la zona de las minas. Se sentaba sobre una peña cercana a la bocamina y con disimulo y cuidado de no hacer movimientos extraños, se desataba la falda transportadora y caminaba despacio hasta llegar cerca de la bocamina, donde sin detenerse, dejaba caer la comida al lado de unos matojos. Por la noche uno de los mineros, se desplazaba a rastras y recogía lo que Isabel había dejado.

El primer día Isabel había lanzado una piedra hacia dentro de la mina con una nota que decía: “en los matojos de las retamas encontraréis comida. Cogedla por la noche. Tened cuidado. Estáis muy vigilados”.

Esta situación duro más de quince días. Las autoridades no se explicaban como aguantaban sin comer durante tanto tiempo. Así que empezaron a desconfiar de Isabel y un día cuando iniciaba el recorrido diario con su ganado no la dejaron pasar.

—Mujer, pastoree por otra zona. No se acerque a las minas —le dijeron.

Un día después los mineros salieron de la mina. Nadie dijo nunca cómo habían sobrevivido a aquel encierro.

Habían pasado los años y Quintanilla de Babia seguía con sus inviernos fríos, muy fríos. El río Luna se congelaba por sus orillas e incluso en algunos tramos se congelaba entero.

Una mañana temprano Isabel le pidió a Caminito que fuera corriendo a llamar a la vecina.

—¡Corre! Llama a la señora Dolores. ¡Dile que venga!

Dolores llegó corriendo acompañada de la niña. Al entrar en la casa se encontró a Isabel, poniendo paños húmedos sobre la frente de su marido. Dolores se quedó muy sorprendida, al ver a Aníbal con vida, hacía años que todos en el pueblo creían que estaba muerto.

—Dolores ya sé que estás sorprendida. Después te lo cuento. Ahora ayúdame. Creo que se está muriendo. ¿Tú crees que alguien podría ir a Matarrosa a avisar a mi hijo para que viniera antes de que su padre muera? Alguien en quien se pueda confiar. Es muy peligroso, ya comprendo. Sino quieres lo entenderé. Todo esto es muy duro para mí sola. Han sido años de mucho sufrimiento y siempre en alerta —le dijo Isabel a su amiga.

Dolores salió rápidamente de la casa y llamó a voces a su marido que estaba cortando leña. El hombre regresó ante el apremio de su mujer. Después de escuchar a Dolores, Fermín salió a toda prisa a buscar a su hijo que había subido a Peñalba de los Cilleros para ayudar a un compañero de trabajo a arreglar un tejado que se había hundido con el peso de la nieve tras la última nevada. El hombre llegó sin aliento, la pendiente por el atajo era grande a pesar de que los dos pueblos estaban cerca, pero las prisas habían agotado sus fuerzas. Al llegar tan acalorado, disimulando ante los compañeros de su hijo, les dijo que quería comprobar en cuanto tiempo se podía llegar de un pueblo a otro y los jóvenes le rieron la ocurrencia.

Fermín le explicó escuetamente y le pidió a su hijo discreción y que no hablara con nadie.

-Te vas hasta Villablino, coges el tren, bajas en Matarrosa, buscas a Martín, el hijo de la señora Isabel y le dices que regrese contigo. Si alguien te pregunta, le dices que su madre no se encuentra bien. Sin más explicaciones.

Fermín y Dolores vieron desaparecer a su hijo a la vuelta del camino y él cogió su hacha y terminó de cortar unos troncos que le quedaban.

Dolores entró en su cocina, sacó de la olla de caldo un poco de sopa, la puso en un cazo y salió caminando por la vereda al lado del río Luna hasta que llegó a la casa de Isabel. Su amiga seguía poniendo paños húmedos en la frente de su marido. Aníbal respiraba con dificultad y mantenía los ojos cerrados.

Dolores atizó la cocina, le añadió unas paladas de carbón y puso el cazo encima de la chapa, para que se mantuviera caliente. Caminito estaba sentada en una silla. Dolores la miraba, parecía que la niña no estaba sorprendida, ya que actuaba con normalidad. ¿Cómo era posible? Isabel se había pasado meses llorando y llorando por la pérdida de su marido. No comprendía nada. Isabel salió del dormitorio y se dirigió a su amiga:

—Aníbal parece que está más tranquilo. Ahora duerme. Quiero explicarte como pasó todo. Tú todavía recordarás bien el día que se llevaron a Aníbal, cuando llegaron los falanges con el camión, dieron unas patadas a la puerta, lo sacaron de la casa a rastras y le golpearon una y otra vez. Yo gritaba con todas mis fuerzas, de dolor, de impotencia e intentaba impedirlo pero me empujaban y me tiraron al suelo. Lo subieron al camión a golpes y cuando se marcharon me desmayé. ¿Te acuerdas? Cuando abrí los ojos tú estabas ayudándome. Cuando llegó mi hijo Martín le expliqué cómo se habían llevado a su padre. Fue al cuartel de donde le echaron a empujones y amenazas. Preguntó por todas partes, nadie sabía nada o no querían decir. Tenían miedo y no hablaron. Pasamos la noche llorando. Recordarás que al día siguiente estuviste aquí. Quiero decirte lo mucho que te quiero. Siempre estás en los momentos malos.

Te sigo contando... La segunda noche después de que se llevaran a Aníbal, Martin y yo estábamos sentados en la cocina, en silencio. Nos sentíamos desesperados y con un gran e insoportable dolor. Mi hijo no sabía qué hacer para consolarme. Esa noche ya tarde, sobre las dos o las tres de la madrugada, oímos unos golpecitos en la puerta. Pensamos que era algún animal, pero ante la insistencia fuimos a abrir. Allí tirado en el suelo estaba Aníbal. Sólo nos dijo unas palabras antes de perder el conocimiento: "escondedme y no habléis con nadie. Con nadie, insistió". Así que entre Martín y yo lo llevamos al dormitorio, le quitamos la ropa, lo lavamos. Tenía dos heridas de bala, una en el costado, con entrada y salida y la otra en una pierna. Lo curamos lo mejor que pudimos y lo dejamos descansar. Hicimos como si fuera un día normal. Quiero decir que sacamos el ganado y estuve cortando leña, Martín llevó a las vacas al prado e intentamos que todos los ve-

cinos nos vierais para disimular normalidad dentro de la desgracia y que nadie sospechara nada. Por la noche Aníbal estaba mucho mejor, pero con muchos dolores por las heridas. Le dolía mucho el cuerpo de los golpes. No fuimos a comprar medicinas porque nos hubiéramos delatado. Aníbal no quería. Cerramos la puerta y las ventanas. Martín y yo nos sentamos a los pies de la cama y Aníbal nos empezó a contar todo lo que le había pasado. Nos dijo que cuando se lo llevaron hicieron varias paradas y recogieron a varios hombres más, pero como le habían golpeado mucho, estaban medio inconscientes. Supo que pasaron por Peñalba de los Cilleros y poco después, ya en el monte, los bajaron del camión y los tirotearon. Gritaban y lloraban. Fue algo horrible. Pero Aníbal se fue arrastrando hasta unos matojos y oculto por la oscuridad de la noche, se mantuvo callado y quieto. Veía como recogían los cuerpos de los otros compañeros y los subían al camión. No se dieron cuenta de que faltaba él, pero estaba seguro que más tarde, cuando hubiera más luz, o al recuento de cadáveres echarían de menos su cuerpo y regresarían a buscarlo. Así que como pudo se fue alejando del lugar. Con tierra se taponó las heridas y procurando no dejar un rastro de sangre trató de esconderse bien. Al día siguiente, cuando no perdía el sentido, se fue acercando a casa.

Aníbal tomó las riendas de la difícil situación. Aquel día tenía las ideas más claras que nunca. Había que diseñar una estrategia. Lo primero era hacer una vida normal. Necesitábamos algunos medicamentos, así que Martín fue hasta Ponferrada a comprar las medicinas. Yo me vestí de luto y cada poco me acercaba al cuartel y preguntaba si sabían algo de mi marido. Aníbal y Martín le dieron muchas vueltas a la idea de hacer un zulo. Al final decidieron aprovechar el hueco que el río hizo debajo de la casa, en aquella crecida de hacía unos años. El río Luna, bordeaba la finca, pasaba justo al lado de la vivienda y les había dado un gran susto. Después de los arreglos y de reforzar la casa, había quedado un hueco entre el río y la morada. Aníbal decidió abrir un pequeño agujero para pasar y esconderse allí. Poco a poco mejoró de las heridas. Martín le ayudaba a acondicionar aquel hueco. De tanto en cuanto la policía venía y preguntaba por mi hijo Martín. Le dijeron que se anduviera con cuidado con lo que decía en la mina, que nos tenían fichados y que le podía pasar lo mismo que a su padre. Otras veces aparecían como por casualidad, como si fueran de paso. Nosotros íbamos aguantando en esta vida, que no es vida. Más tarde Martín se casó. Fue una boda de puro trámite. Ese día a Aníbal lo encontramos llorando al regresar de la ceremonia. Nos estaba esperando sentado en la cocina. Nos asustamos mucho porque él siempre estaba en el zulo y nunca salía de día sólo cuando estábamos en casa por la noche. Se lamentaba de no haber podido acompañar a su hijo ni en el día su boda. Mi nuera se encontró con la situación familiar y se quedó muy sorprendida, pero reaccionó muy bien. Aníbal le contó todo lo que había pasado. Fue una comida de boda muy triste pero al menos pudieron estar los cuatro juntos. Pilar se incorporó a la familia muy bien. Es una muchacha muy buena, nos ayuda mucho. Aníbal le cogió mucho cariño. Pronto se quedó embarazada y nació Camino. Aníbal se empeño en ponerle de nombre Camino, decía que era como el camino de la vida, la alegría en nuestro camino que nacía en nuestra casa. Todos hacíamos una vida normal, dentro de lo posible, pero siempre que veíamos a alguna persona desconocida saltaba la alarma y nos entraba el pánico ante la posibilidad de ser descubiertos.

Ya hace algunos años que durante un tiempo rondaban unos hombres por la zona y preguntaban por mi hijo. Un día se presentaron en casa y me dijeron si les podía dar un vaso de agua. Yo, disimulando el terror que sentía, fui amable con ellos y cuando se fueron me abracé a mi nuera Pilar y me puse a llorar desconsoladamente.

Siempre pensábamos que pronto habría una amnistía o como mucho algunos años de cárcel. Esperábamos una ley de reconciliación que no llegaba. Y el tiempo pasaba.

Por la noche cuando estábamos los cuatro sentados alrededor de la mesa Aníbal nos dijo que había tomado una decisión. Saldría del zulo. Todos pusimos el grito en el cielo. Entonces mi hijo le dijo a su padre:

—No padre. Lo cogerían preso y terminarían lo que empezaron. Esos hombres que rondan me investigan a mí. Hemos estado haciendo unas asambleas al salir de la mina. Queremos hacer una lista de reivindicaciones para entregar al patrón. Cosas de la mina. Para nosotros es muy peligroso que esa gente vigile la zona. Cualquier cosa les puede poner sobre la pista por mucho cuidado que tengamos. Así que he tomado una decisión. Pilar y yo nos iremos a vivir a Matarrosa. Yo tengo allí unos compañeros. Ellos me ayudarán. Si yo me marcho dejaran de vigilar la zona y ustedes podrán estar un poco más tranquilos. Matarrosa está cerca, pero también lo suficientemente lejos para quitar el foco de atención de aquí. Para que sea más verosímil, mañana en la mina, diré a todos que hemos discutido. Haré correr la voz de que me marcho con mi mujer. Diré a todos que Pilar y usted discuten mucho y que usted se opone a que yo hable en las asambleas y, que estoy harto de tantos sermones. Mañana empezaré a decirlo en la taberna de esa manera me aseguro que llegue a los oídos de quienes tienen que enterarse.

Yo me opuse. No quería que mi hijo y Pilar se fueran de casa. Me moriría si me quitaran a la niña. Me sorprendió que Aníbal aceptara. Estaba de acuerdo con su hijo en todo. Entonces le pidió a Martín que dejara a la niña un tiempo con nosotros y que cuando empezara la escuela se la llevaran a Matarrosa con ellos.

- Dolores, como ves, han sido años de muchos sufrimientos. En los últimos tiempos Aníbal estaba muy cargado de los bronquios, respiraba con dificultad y tosía mucho. El zulo es un lugar muy húmedo.

Falta el sol y la luz y todo eso ha ido consumiendo su salud. Mucho ha aguantado. Siempre ha sido un hombre fuerte y luchador pero ahora siento que esto se acaba. Nunca te conté nada hasta hoy para no comprometerte.

Era media tarde cuando Martín y Pilar llegaron. Abrazaron a su hija, llenándola de besos, mimos y caricias y apretándola contra sus corazones. Se notaba el dolor de la separación, el amor a su niña les salía por los ojos. Era muy grande el sacrificio, la renuncia de dejar a su hija con ellos a cambio del amor a sus padres. Eran conscientes del bálsamo que la pequeña era para sus abuelos en los difíciles y dolorosos días que les había tocado vivir.

Después de los saludos fueron al dormitorio. Allí encontraron a Aníbal despierto. Martín y Pilar tenían los ojos llenos de lágrimas. Miraban a aquel hombre derrotado por primera vez. Él, que siempre derrochó fuerza y valor y que defendió sus ideas con dignidad y raciocinio. Él, que sobrevivió a su propio fusilamiento, ahora estaba en aquella cama agonizando. Pero como siempre Aníbal tenía su mente y su espíritu claros y se veía en el brillo de sus ojos.

—Padre, hemos venido tan pronto supimos que se encontraba usted enfermo, —dijo Martín a su padre.

Aníbal hizo una mueca, como si quisiera sonreír. Se estaba apagando por momentos.

—Gracias hijo. Y a ti también Pilar. Si el día que me escondí en este zulo hubiera sabido que iban a ser tantos años no lo habría hecho. Siempre pensé que la situación política se arreglaría en poco tiempo pero no fue así. Y os he condenado a todos a vivir con esta carga tan grande. ¡Perdonadme! Ahora cuando muera, descansaré

yo y vosotros también. Ayudad a vuestra madre que es una mujer muy valiente.

Isabel miraba a su marido, con un cariño inmenso, siempre admiró su valor, alegría y su carácter conciliador. No había en el mundo otro hombre con el que ella se hubiese casado con más amor. Los dos siempre estuvieron envueltos en una conspiración y embeleso mutuo. Estaban confabulados, se entendían con solo mirarse. A veces ni siquiera hacía falta que lo hicieran. Sus miradas hacia ella, su sonrisa, sus palabras, su complicidad. Ni los muchos años que había estado en el zulo fueron suficientes para agriarle el carácter.

Ahora estaba en aquella cama, flaco, con la piel blanca, casi transparente por la falta de la luz del sol. Su vida se fue apagando poco a poco.

Martín, con la ayuda de Fermín y de su hijo, hizo una fosa al lado de la casa en un espacio que Isabel siempre dedicó para sus rosales y poco más. Los tres hombres trabajaron duro, sacando la tierra que recibiría Aníbal. Martín lloraba en silencio. Había empezado a oscurecer cuando vieron que los vecinos ya habían recogido sus rebaños. Así era menos probable que pasara alguna persona, aunque la casa estaba un poco apartada al lado del río.

Mientras, Isabel pidió que la dejaran sola con su marido. Ella lo arreglaría para su último viaje. Trajo una palangana con agua tibia. Con una esponja fue limpiando su cuerpo poco a poco. De vez en cuando le besaba en la cara, en las manos, en el pecho, con dulzura, con cariño, con ternura. Le hablaba con amor, le recordaba cuando se vieron por primera vez, el día de su boda, cuando nació Martín y la comadrona no llegó a tiempo y lo recibieron los dos solos, le recordaba las celebraciones y los momentos vividos. En aquellos momentos sólo le venían a la memoria momentos de alegría, momentos felices. Era como si con él nunca hubiera vivido ninguna desgracia, ningún dolor, ningún sufrimiento. Terminó de asearlo, sacó del armario su traje de boda, el único que tenía y, poco a poco lo vistió, lo peinó y lo perfumó. Cuando termino le dio un suave beso en los labios. Y le dijo:

—Adiós, amor mío.

Cogió una sábana limpia y envolvió a su marido. Con unos imperdibles sujetó la sábana para que se mantuviera firme y la tierra no cayera sobre su rostro ni sobre su cuerpo. Él quedaría unido, por siempre, a todos ellos.

Fue una ceremonia muy sencilla que ellos mismos hicieron. Siete personas en pie rodeando aquella tumba. Dolores, Fermín y su hijo se mantenían unos pasos por detrás. Isabel mantenía la mano de su nieta apretada. Y Martín y Pilar se colocaron al lado de su madre. Cada uno de los presentes dijo unas palabras. Cuando terminaron, bien entrada la noche, habían esparcido bien la tierra para que no quedara ni rastro ni marcas. Por la mañana Isabel tenía pensado trasplantar unas plantas que tenía al otro lado de la casa. Así aquel rincón acogería todos sus rosales que siempre cuidaría con esmero y del mismo modo no levantaría sospechas.

Al día siguiente, por la mañana, Martín visitó la tumba de su padre. Comprobó con la luz del día que todo estaba como debía. Su madre había madrugado mucho y ya tenía los rosales pequeños trasplantados. El rincón estaba precioso. Había recortado las hojas secas y las malas hierbas, dejando el espacio adecentado. Juntos entraron en casa y se sentaron a la mesa a desayunar.

—Hijos míos tenéis que marcharos. Quiero que os llevéis a Camino con vosotros. La niña tiene que ir a la escuela y crecer al lado de sus padres. Os quiero agradecer mucho que la dejarais a nuestro lado

todo este tiempo. Ahora pienso vender algo del ganado y quedarme con lo mínimo. Quiero dedicarme a cuidar mi jardín. Le pediré a Fermín, nuestro vecino, que me haga un banco de madera y lo pondré al lado de la tumba de tu padre. Así podré sentarme a hablar con él.

Durante muchos años Isabel cuidó con esmero y mucho amor de su pequeño jardín. Rosales, dalias, petunias y otras muchas plantas florecían. Algunas personas de la zona no comprendían la tardía afición por la jardinería de su vecina.

Muchas tardes se podía ver a Isabel sentada en su banco de madera, tejiendo algún jersey para su nieta Caminito, hablando sola algunas veces e incluso riendo a carcajadas. Por la zona se corrió la voz que había perdido la cabeza. Sólo su vecina Dolores a veces se sentaba con ella en su banco de madera y las dos juntas se recreaban con la belleza del pequeño jardín. Hablaban de sus cosas, se intercambiaban esquejes de plantas, abonos y semillas.

Con los años, cuando ya las fuerzas casi la habían abandonado, todavía se podía ver a Isabel arrancado las malas hierbas, podando los rosales y hablando con sus flores.

CAPÍTULO 15

SUFRIMIENTO Y AMOR

Don Luis la vio al fondo de la iglesia. Al terminar la misa salió rápido para hablar con ella. Matilde ya se alejaba dirección a la carretera. La llamó en voz alta.

—Matilde, Matilde. Espera mujer.

La joven se volvió para ver quién la llamaba. Después de saludarse, se quedaron mirándose el uno al otro. Don Luis vio en el fondo de sus ojos una gran tristeza. Matilde sonreía pero él la conocía bien, sabía mucho de su vida y no le podía engañar.

—Estamos bien —dijo Matilde. Como usted ya sabe nos fuimos a Inglaterra. Nos va bien, pero me echo de menos a mi madre, a mis hermanos, a mis amigas y estas tierras. Algunos días me siento muy sola. Mi marido es bueno y cariñoso. Está trabajando en una fábrica. Y Luisito, nada más llegar allí empezó en la escuela. Yo he venido a buscar unos papeles y de paso a visitar a mi madre. No está muy bien de salud y sufro mucho por ella. Sé que mi padre no la deja venir a la

iglesia y que usted no puede ayudarla. Todavía recuerdo aquel día horrible cuando usted vino a casa. Mi padre, como usted bien sabe, es muy radical con sus cosas. Nunca dejó ir a misa a mi madre pero, aquel día que usted fue a casa, aquellos días tan duros y de tanto sufrimiento, creo que se ganó el respeto de mi padre a pesar de que le trató tan mal.

Se despidieron con cariño y cada uno emprendió su camino.

A don Luis le vino a la cabeza toda la historia de la familia desde que llegaron de su tierra natal, un pueblo de Zamora, Figueruela de Arriba, pegado a la frontera con Portugal. Era una historia muy triste y dura. Él había tenido poca relación con aquella familia ya que siempre se habían mantenido alejados de la Iglesia, pero les conocía de verlos por el pueblo. Su relación con ellos había cambiado desde aquel día horrible que llegó corriendo uno de sus monaguillos y le dijo:

—Corra, corra, rápido. El señor Aurelio va a matar a Matilde. Le está pegando mucho. ¡Ayúdela!

El niño venía acalorado por la carrera. Don Luis lo tranquilizó y le pidió que se explicara. Hablaba atropelladamente y no se le entendía nada. Cuando se dio cuenta de algunas palabras que decía el niño le pidió que lo acompañara de inmediato. Don Luis llegó a las casas del Treinta y Uno donde vivía la familia de Luz y Aurelio. Ya desde la calle se escuchaba el griterío. Algunos vecinos estaban fuera, pero nadie se decidía a entrar. Se podía ver a algunas mujeres llorando.

Don Luis llegó y entró directamente. Se encontró con una escena horrible. Lo primero que vio fue a una mujer, Luz, parapetada en una esquina de la cocina con su cuerpo como escudo defendiendo a su hija con los brazos abiertos. Intentaba que los golpes que su marido dirigía a su hija Matilde no la alcanzaran. Pero Aurelio preso de su violencia y rabia no miraba. Los golpes caían uno detrás de otro y alcanzaban tanto a la madre como a la hija. Matilde que era una adolescente estaba justo detrás de su madre, aterrorizada, con la nariz sangrando, un golpe en la frente, la boca hinchada y los pelos completamente revueltos. Las dos mujeres lloraban. El miedo se veía en sus ojos, sus piernas temblaban hasta casi no sostener sus cuerpos. Don Luis sujetó a Aurelio impidiendo que siguiera golpeando a las dos mujeres.

Cuando Aurelio se vio sujeto y comprobó por la sotana que era un sacerdote el que sujetaba fuertemente su brazo, desistió de seguir golpeando a las dos mujeres. No comprendía qué hacia aquel cura en su casa.

—Fuera de mi casa. ¿Quién le manda entrometerse en las vidas ajenas? ¡Fuera de aquí! —dijo propinando después toda clase de insultos.

Aurelio hizo un amago de pegarle pero al ver que don Luis no dio un paso atrás, que no se achicaba y que le mantenía la mirada con fuerza y decisión, decidió salir dando un portazo.

Luz abrazaba a su hija Matilde. Las dos lloraban pero poco a poco se fueron calmando. Luz sacó fuerzas y puso un cazo con agua sobre la chapa de la cocina de hierro para hacer una tila y dársela su hija. Fue entonces cuando empezó a hablar y a contar la situación horrible que vivían ella y su hija Matilde. Él miraba con qué ternura Luz le colocaba el pelo a su hija.

- Perdone a mi marido. Él lo está pasando muy mal y ha perdido los estribos por completo. Nuestra niña Matilde está embarazada y tiene tan solo 14 años. El muchacho, el novio de mi hija, ha desaparecido. Su familia se opone e incluso acusa a mi hija de mentir diciendo que el niño no es hijo de Fernando. El chaval también es un crío, tiene 16 años, así que se lo han llevado a Inglaterra. Allí tienen familia y lo han mandado para allá. Esta familia vive en Toreno. Cuando nos dimos cuenta

del embarazo de nuestra hija fuimos a hablar con ellos. Nos trataron como a perros. Nos insultaron, nos echaron de allí a empujones diciendo que nuestra hija es una puta y que se acuesta con otros hombres. No quieren saber nada de nosotros, nos amenazaron, nos dijeron que como nos vieran rondando la casa irían a la Guardia Civil a denunciarla. Desde entonces vivimos un infierno. Mi marido siempre ha sido un poco violento, pero nunca tanto como ahora. El día que llegamos de Toreno, de hablar con la familia de Fernando, mi marido la cogió por el pelo, la arrastró por la casa, la golpeó con dureza y le dio una buena paliza. Yo también recibí golpes al intentar defenderla. Después la echó de casa. Las vecinas la recogieron, Aurelio, me prohibió que fuera a verla, que la ayudara. Estamos desesperadas. Hoy Matilde, vino a casa a recoger algo de ropa. Sabía que su padre estaba en el trabajo, Pero Aurelio regresó antes de lo previsto y nos sorprendió a las dos aquí en la cocina. Se ensañó con ella. Creí que nos mataba a las dos.

Don Luis, a raíz de aquel día, le cogió un cariño especial a aquella familia. Sabía que Luz era una mujer buena, educaba a sus hijos en los valores del respeto y de la honradez. Aurelio era un hombre violento y su familia sufría su carácter. Sus vejaciones eran constantes y la bondad de Luz sólo era un bálsamo sobre las heridas de sus hijos, de su casa y de la familia.

Naturalmente, el sacerdote se ofreció a ayudar en todo lo que pudiese. Le pidió a Luz que lo tuviese en cuenta e incluso le hizo varias proposiciones para intentar paliar la situación, pero Luz se negó. Le pidió que se mantuviese prudentemente alejado, justificándolo con la animadversión que su marido sentía hacía las autoridades, incluida la iglesia. Luz creía que su intervención empeoraría la situación de momento.

Don Luis respetó los deseos de aquella buena mujer llena de bondad, a la que le había tocado vivir una vida muy dura, pero a partir de aquel día siempre estuvo bien informado de los acontecimientos. Supo que durante meses Matilde estuvo encerrada en una habitación de la casa, que la llave la guardaba su padre en el bolsillo del pantalón día y noche. Era él personalmente quien cada día abría la puerta y le llevaba un poco de agua y comida. Y cada día le repetía lo mismo:

—Piensa en lo que hiciste. ¡Ojalá el bastardo que llevas en la barriga se muera! ¡Piensa en cómo has deshonrado a tu familia!

Cerraba la puerta con llave otra vez y se marchaba a trabajar, al bar o a pescar.

El día que Matilde se puso de parto, estuvo horas encerrada, sola hasta que su padre llegó de la mina. Él accedió a abrir la puerta ante las súplicas de Luz, su mujer, que pedía una y otra vez que abriese. Ya casi no le quedaban lágrimas de tantos y tantos días llorando desconsolada al lado de la puerta de la habitación donde su hija estaba encerrada. Estaba agotada física y mentalmente. Habían sido meses de grandes sufrimientos donde la convivencia era una tortura. Hoy llevaba todo el día escuchando a su hija quejarse por los dolores del parto y cuando llegó su marido se puso de rodillas y se cogió fuertemente a sus piernas, suplicándole que abriera aquella maldita cerradura, que tenían que llevar a Matilde al Hospital de Ponferrada, que estaba de parto desde hacía ya horas. Aurelio se resistió durante un buen rato, pero finalmente llamó a su vecino Pedro. Éste tenía un pequeño motocarro. Después de subir a Matilde con grandes esfuerzos, subió Luz. Las dos mujeres se sentaron en una esquina de la parte trasera. Ya en Matarrosa, el vehículo paró un momento en el surtidor de gasolina que había en la carretera, al lado de la tienda de Manuelín. Las dos mujeres procuraron no hacer ruido mientras repostaba, no querían que las viera nadie, no querían que hubieran más habladurías en el pueblo.

Cuando el vehículo reemprendió la marcha las dos mujeres se relajaron. Poco a poco veían pasar los pueblos y caseríos. Tenían sensación de lentitud. Atrás iban quedando Alinos y el economato, Toreno que era donde vivía la familia de Fernando y El Campón con sus prados verdes... ya perdieron la cuenta. Matilde apretaba con fuerza la mano de su madre. Llegaron a Ponferrada una hora después, mareadas de tantas curvas y Matilde a punto de parir.

Cuando Luz tuvo en sus brazos a su nieto recién nacido le pareció el milagro más grande del mundo. Le parecía mentira que aquel niño precioso, sonrosado y pelón hubiese sobrevivido a todas las palizas que su madre recibió durante el embarazo. No creía que estuviera sano y bien nutrido, considerando el hambre que Matilde había pasado durante meses encerrada en aquella pequeña habitación.

Cuatro días después Luz y Matilde bajaban del tren de la MSP en la estación de Matarrosa. Luz traía al pequeño Fernandito en brazos envuelto en su toquilla. Esperaban no encontrarse con demasiados vecinos y conocidos. No tenían ganas de dar explicaciones.

Cinco años habían pasado. Matilde por orden expresa de su padre no podía salir de casa, no podía asistir al cine, ni al baile, ni a las romerías de los pueblos vecinos. No salía de paseo con sus amigas con las que fuera a la escuela de doña Rosario. Amigas que habían ido desapareciendo con el tiempo, cansadas de pasar una y otra vez a visitarla y no poder entrar en la casa, ni poder verla, ni hablar con ella. Su padre siempre lo impedía. Pero de todas, Julia, había conservado con su persistencia, coraje y constancia la relación con ella y su amistad. Julia, a la que quería especialmente, a la que le contaba sus penas, la que espiaba cuando su padre se marchaba y corría a su casa a abrazarla, consolarla y contarle cómo sucedía el día a día en el pueblo. La que le contaba como había conocido a Genaro, un muchacho natural de Extremadura, que había empezado a trabajar en la mina de Melendrera. Julia estaba muy ilusionada con su pretendiente, le explicaba cuando iban al cine, cuando le cogía de la mano, cuando la besó y cuando la esperaba a la salida de misa. Compartía con su amiga como, poco a poco, se consolidaba su noviazgo. Luz era cómplice. Las dejaba a solas para que hablaran y su hija pudiera disfrutar de la compañía de Julia. Porque la vida estaba pasando fuera y era muy difícil para la joven renunciar a todo lo que por su edad le correspondía. Lo soportaba con la compañía de su amiga, la complicidad y amor de su madre y el pequeño Fernandito. Así pasaban los días. Ella adoraba a su hijo, un niño muy listo y simpático.

Aquel día de invierno llovía a cántaros, Luz se encontraba mal. Una comida en mal estado la había tenido todo el día con vómitos y en un estado deplorable. No le quedó otro remedio que pedir a su hija que fuera a Matarrosa al horno de Gerardo a recoger las empanadas que había llevado a cocer por la mañana. Matilde se puso el chaquetón de su madre, cogió un paraguas negro que tenía una varilla rota y emprendió el camino carretera abajo. Era tarde y empezaba a oscurecer. De regreso, a la altura del puente, notó que cogían de su mano por detrás. Cuando se dio la vuelta para ver quién era, sintió como si la hubiese alcanzado un rayo. Todo en su cuerpo se descompuso, el corazón le salía por la boca, sus piernas le fallaban. Hubiera caído al suelo si no fuera porqué él la abrazó con todas sus fuerzas. Los dos empezaron a llorar y se abrazaron. Así permanecieron hasta que se tranquilizaron, después se miraron el uno al otro, se descubrieron de nuevo. Matilde lo miraba. Delante tenía a Fernando, que ya no era un chaval, se había convertido en todo un hombre. Él la miraba a ella, ya no era aquella niña de antes, ahora era una mujer preciosa. Pero Fernando vio en el fondo de sus ojos una gran tristeza, algo había cambiado.

—He venido a buscaros a ti y al niño. Llevo días vigilando tu casa, esperando que salieras y poder hablar contigo a solas. Pensé en presentarme en tu casa. Hablar con tu padre, explicarle que mi familia me obligó a irme a Inglaterra con mi tío Juan y nunca me dejaron

volver. Así que empecé a disimular, a hacer como que me gustaba una chica de una familia española que vive cerca de mi tío. Yo le ayudaba con los estudios y ella hacía como que nos gustábamos. Era un favor que nos hicimos el uno al otro. A ella le gustaba un chaval inglés, pero tampoco la dejaban salir con él. Cuando mi tío les dijo a mis padres que yo te había olvidado, que tenía una novia allí en Inglaterra, fue cuando mis padres me permitieron venir. Me dejaron volver porque mi abuelo está muy enfermo e insistí que quería verlo antes de que se muriese, pero la verdad es que quería verte a ti y conocer a mi hijo. Llegué hace tres días. Quiero hablar con tus padres, nos casaremos y te vendrás conmigo a Inglaterra. El problema es que a mí me faltan unos meses para la mayoría de edad y a ti mucho más. Necesitamos los permisos de nuestros padres para casarnos. También he pensado en escaparnos pero lo descarté. Sería un problema. La policía nos traería de vuelta a casa de nuestros padres y con el niño sería difícil. Así que tenemos que convencer a nuestros padres. Sea como sea, pero tenemos que convencerlos.

Matilde le pidió a Fernando que le diera unos días para hablar con su madre pero el muchacho le dijo que sólo tenía un día. Estaba decidido a plantar cara al problema lo antes posible. Él también hablaría con su familia y les diría que no había vuelta atrás.

Cuando Matilde llegó con las empanadas Luz le recriminó lo mucho que había tardado. Estaba muy preocupada porque Aurelio estaba a punto de llegar. No quería ni pensar la que se podía organizar si aparecía y Matilde no estaba en casa. Acababa de colgar el chaquetón y dejar las empanadas en la mesa de la cocina cuando su padre entró por la puerta. Se escabulló como pudo y se fue a su dormitorio. Pero a su madre nunca se le escapaba nada y se dio cuenta que estaba muy nerviosa. Luz en silencio le puso la cena en la mesa a su marido. En cuanto él terminó de cenar recogió los platos y la cocina y justificó a Matilde diciéndole que el niño se había despertado y estaba en la habitación tranquilizando a Fernandito.

En cuanto pudo, entró a hablar con su hija. Ésta le explicó todo lo que había pasado, que Fernando estaba aquí, que había venido de Inglaterra, que quería casarse con ella enseguida, que vendría a hablar con ellos pasado mañana y que la familia de él no sabía todavía sus intenciones.

Luz se alegró por un lado, especialmente por la felicidad de su hija y también porque se acabara el martirio que tenían en casa. Su marido apenas había aflojado las palizas. Cualquier motivo era bueno para golpearlas. Matilde estaba perdiendo su juventud en aquella prisión que su padre le había impuesto. Después de tantos años todos merecían un poco de paz. Pero ella sabía a las muchísimas dificultades a las que se tendrían que enfrentar. Conociendo a Aurelio sabía que no lo iba a poner fácil. Por la mañana hablaría con él. Le explicaría las intenciones del muchacho. Estaba decidida a posicionarse y a ayudar a su hija, aún con todo el dolor de su corazón, ya que sabía que se marcharía a vivir a otro país lejos de ella.

Aurelio se levantó pronto. Tenía intención de ir a pescar al pantano de Matalavilla. Ya tenía su caña y la cesta preparadas y se sentó a la mesa de la cocina, dispuesto a tomarse una taza de café del puchero que siempre estaba preparado sobre la cocina de carbón. Fue en aquel preciso momento cuando Luz empezó hablar. Le comentó que Fernando estaba de regreso, que mañana vendría a hablar con él y que quería casarse con Matilde. No le dio tiempo a decir más... Aurelio dio un puñetazo en la mesa y todo el café se esparció por el suelo. Se puso en pie y sólo dijo estas palabras:

—A ese yo lo mato.

Abandonó la casa dando un portazo. Matilde salió de la habitación llorando, había escuchado toda la conversación. Luz después de consolar a su hija y animarla se quitó las madreñas, dejaría para más tarde lo de ir al gallinero, y pidió a Matilde que pusiera una olla al fuego con los ingredientes para hacer el caldo. Ella iba a Matarrosa a hablar con don Luis, estaba segura de que le ayudaría en este conflicto.

Tanto la familia de Fernando como Aurelio se opusieron radicalmente a los proyectos de los jóvenes, pero la resistencia de los dos fue titánica.

Fernando se pasaba los días al lado de la carretera, vigilando la casa, esperando a que saliera Matilde. Ahora ya no se escondía, estaba allí a la vista de todos, hablaba con los vecinos y explicaba sus motivos a todos los que querían escucharlo. A veces se acercaba a la taberna de la señora Cipriana, le quedaba cerca. Aprovechaba, comía alguna cosa y se tomaba un vino. Y otra vez regresaba a su punto de vigilancia. Cuando Aurelio salía o entraba de la casa le insultaba y amenazaba. Pero el muchacho, aguantaba los insultos, a veces se alejaba un poco, pero siempre le decía lo mismo:

—Máteme si quiere. Pero yo no me voy hasta que no me case con su hija y la lleve conmigo. Solo me marcharé si me firma el consentimiento para la boda.

Todos los días lo mismo. Aurelio llegó a pensar que Fernando pasaba allí la noche porque lo veía cuando miraba por la ventana, antes de ir a dormir y allí estaba cuando volvía a mirar al levantarse. Aquella situación empezó a ser muy incómoda.

Desde que Fernando regresara de Inglaterra, Julia hacía de recadera de la pareja. Llevaba cartas de Fernando a Matilde donde él le exponía todos sus proyectos. Después le traía la respuesta de Matilde donde ella le comentaba todas sus dudas y temores. Julia daba ánimos a su amiga. Siempre estaba allí y había sido durante todo este tiempo un soporte muy grande para Matilde.

Aquel miércoles a las siete de la mañana don Luis respiraba un poco más tranquilo. Allí frente e él, tenía a Matilde y a Fernando. Su labor había sido dura y complicada para convencer a los padres de los contrayentes de que firmaran la autorización para la boda. Tanto Aurelio como los padres de Fernando, estaban empecinados en separar a los jóvenes. Ahora ya los tenía delante, estaba conmovido por el momento y a punto de empezar la ceremonia. Los dos tenían lágrimas en los ojos que les resbalaban suavemente por la cara. Luz cogía de la mano a su nieto Fernandito. Venía acompañada de sus vecinos Pedro y Juliana, ya que necesitaban dos testigos que no fueran familia de los novios. La única invitada a la boda fue Julia, que por nada del mundo se quería perder la boda de su amiga. Por parte de Fernando no había venido nadie. La familia había firmado los papeles ante la insistencia del muchacho y de don Luis, ya que viendo que ninguna de sus amenazas surtieron efecto, lo habían dejado por imposible. Pero nadie asistió a la boda. Tampoco Aurelio acompañó a su hija. Firmó los papeles de la autorización mientras renegaba de ella diciendo cosas horribles que a Matilde le partían el corazón. Aurelio había prohibido a su mujer asistir, pero ella decidió desobedecer, pensó que una paliza más, bien valía la pena. Había recibido tantas, que esta vez, la recibiría con motivo. Así que allí estaba con la manita de su nieto entre las suyas. Por su cabeza pasaban un montón de sentimientos contradictorios que no era capaz de encauzar, por un lado la alegría de que su hija salía del infierno de su casa paterna, pero por otro su niña se marchaba lejos, muy lejos y ya no la podría ayudar, ni abrazar cuando quisiera y eso le causaba mucha pena. Lo único que la consolaba era ver que estaba con su amor. Ella si estaba convencida de que la pareja se querían de verdad y su pequeño Fernandito crecería con sus padres. El amor hacia su hija le pedía su consentimiento para que volara tranquila, sin lastres en el corazón. Era difícil, ya que Luz quedaba a merced de Aurelio y la convivencia con él era muy dura. Pero su vida no importaba, ella la había elegido, pero su niña, su amada Matilde merecía una oportunidad. Y su oportunidad estaba lejos de ella.

Cuando terminó la ceremonia madre e hija se abrazaron con fuerza. Lloraban y sus lágrimas se mezclaron por última vez. Luz hablaba con su hija. Era como si de repente quisiera decirle, aconsejarla, para toda la vida, para todas las veces que ya no podría hacerlo.

Don Luis recordaba los días tan duros que Matilde había vivido mientras veía cómo se alejaba. Próximamente regresaría a Inglaterra, seguro que tardaría mucho tiempo en volver a verla.

CAPÍTULO 16

LA SUEGRA

Francisco trabajaba en la mina de La Cazadora, vivía con su madre en Santa cruz y los dos estaban muy unidos. Lola era viuda desde hacía cinco años cuando murió Paco, padre de Francisco. Había sido mala suerte que se resbalara en aquella piedra y cayera al pantano de Matalavilla donde tanto le gustaba ir a pescar. Era diciembre, la segunda nevada había caído aquella noche. El fatídico día había cogido sus utensilios de pesca, su caña y su cesta, había subido a su moto y acelerando se perdió en la curva dirección a Villablino. No habían pasado ni dos horas cuando regresó empapado hasta los huesos y tiritando de frío. Lola se extrañó de que regresara tan pronto. Se asustó al verlo con aquellos temblores y con un semblante casi azulado.

—Puse el pie sobre una piedra que estaba húmeda, resbalé y me caí al agua. En cuando pude salir del pantano, cogí la moto y regresé a casa. Estoy helado, necesito entrar en calor rápido —dijo a su llegada.

Era la explicación que le dio a Lola con la voz entrecortada y mientras sus dientes hacían un ruido constante y rítmico provocado por los tiritones. Afortunadamente la cocina de hierro forjado que utilizaban para guisar y calentar la casa estaba al rojo vivo y el agua del depósito a punto de empezar a hervir.

Lola le ayudó a quitarse la ropa y puso agua caliente en el barreño de tender la ropa. Empezó a pasarle por todo el cuerpo una toalla pequeña bien caliente para después darle friegas con todas sus fuerzas con otra seca. La piel de Paco estaba roja de tantos refregones.

Era tanto el frío que se había metido en su cuerpo que era muy difícil hacerle entrar en calor. Lola lleno varias botellas con agua caliente y las puso en la cama, donde le obligó a acostarse y le puso encima todas las mantas y toda la ropa que tenía.

Paco murió dos días después de una pulmonía doble. Eso fue lo que dijo el médico que vino a verlo. Nada pudo hacer por él. Desde entonces, Lola y su hijo se quedaron solos.

El tiempo fue pasando. Francisco creció y arregló su documentación, como hijo de viuda, para no tener que ir al ejército. Empezó a trabajar en la mina La Cazadora y a cortejar a las chicas. Pero Lola, después de la muerte de su marido, se había aferrado a su hijo de una forma tan exagerada que, según su opinión, ninguna de las chicas de la comarca le parecía buena para él. Se pasaba el día poniendo defectos a todas las buenas jóvenes de los alrededores. Francisco ya nunca le hablaba del tema de sus conquistas. Sabía que ella se lo tomaba a la tremenda. Él era un buen mozo, bien parecido y muy alegre, por lo que no le faltaban pretendientas.

Aquel verano era caluroso y los jóvenes de Matarrosa y Santa Cruz se juntaban en la poza que había en un recodo del río Sil, muy cerca del Escobio. Los sábados y algunos domingos pasaban la tarde nadando y compitiendo a ver quien se tiraba de lo más alto. Un sábado, cuando ya se estaban vistiendo para marchar a tomar unos vinos al bar Central en Matarrosa, vieron llegar a dos chicas desconocidas. Francisco se sentó en una piedra en la orilla y se dispuso a observar. Le había llamado la atención una de las muchachas. Ellas se quitaron sus vestidos y se pusieron a nadar de una orilla a la otra del río. Nadaban muy bien y no paraban de reír. Francisco y Alejandro creían que se reían de ellos, ya que se habían quedado sentados mirándolas sin ningún disimulo. Después de un buen rato las chicas salieron del agua y en ese momento Francisco aprovechó para entablar conversación:

—Hola me llamo Francisco ¿y vosotras? No sois de por aquí, ¿verdad? Yo no os había visto nunca.

Las chicas le tendieron la mano y se presentaron. Después del saludo se sentaron al lado de donde estaban ellos dispuestas a tomar el sol y estuvieron hablando un buen rato.

Fue así como se enteró Francisco de todo lo que le interesaba: que la chica que le gustaba se llamaba Enriqueta, que sus padres hacía poco que se habían trasladado de Astorga a Páramo del Sil a vivir y que ella había llegado la semana pasada. Enriqueta le explicaba a Francisco, su frustración porque no tenía amigos. Solamente conocía a Lucía que era su vecina con quien había bajado al río a darse un baño, pero no conocía a gente de su edad. Le contó también que le entristecía el ambiente pueblerino. La diferencia de vivir en Astorga era que era una ciudad, pequeña pero una ciudad. Allí era donde ella tenía sus amigas, también algún pretendiente, era donde trabajaba en una mercería vendiendo cintas, hilos, puntillas y cremalleras. Trabajo que le encantaba por el trato directo con los clientes y donde su desenvoltura y simpatía le ayudaban a hacer una buena labor consiguiendo así tener una mente ágil y un vocabulario muy rico.

Francisco se quedaba embobado escuchándola hablar, su forma tan particular de explicar las cosas. Le gustaban sus ojos negros, sus rasgos un poco exóticos y su melena por la cintura. Le parecía una chica preciosa. Insistió hasta convencerla para tomar juntos un refresco en Páramo ese mismo domingo por la tarde.

Francisco y Enriqueta se siguieron viendo. Unos días se daban un baño en el río, en la poza del Escobio donde se habían conocido y otras veces iban a la taberna de Páramo y tomaban unos refrescos. También hacían excursiones y caminatas. Con una tortilla de patatas y unas manzanas se fueron un sábado caminando hasta Primóu. Enriqueta se quedó impresionada por la belleza del lugar. No comprendía como los vecinos de ese precioso pueblo lo habían abandonado. Este día en Primóu Francisco besó a Enriqueta, le dijo que la quería y le pidió que lo aceptara como novio.

Desde ese día las excursiones y andanzas de la pareja habían cambiado de sentido. El paisaje había perdido parte de su interés, querían alejarse para estar solos y así disfrutar de sus besos y caricias. Un día, a finales del verano, Francisco había subido a Páramo a ver a Enriqueta. Ese día estaba especialmente alegre y le dijo nada más llegar:

—Hoy te voy a llevar a ver el lugar más bonito del mundo. Te llevaré al cielo ¿estás preparada?

Se subieron a la moto y emprendieron el camino.

Pasaron junto a la ermita de las Nieves. Enriqueta estaba intrigada y esperaba con satisfacción la sorpresa prometida. Subieron hasta Valdeprado y allí, junto a la taberna, dejaron la moto aparcada y emprendieron la subida. Recorrían las veredas montaña arriba, caminaban por senderos para el ganado, especialmente por caminos de vacas que estaban en las brañas pastoreando y de vez en cuando se encontraban con algún pequeño grupo bajo las retamas buscando la sombra. Entonces era cuando la pareja se salía del camino y daba un pequeño rodeo hasta dejar atrás el rebaño. En algunos momentos las moscas, que siempre acompañan a las vacas y más ahora que era finales de verano, estaban especialmente pesadas, molestando a los jóvenes y posándoseles en la cara, en los ojos, en la nariz o en la comisura de los labios. A los enamorados, esta situación los ponía muy nerviosos y las espantaban a manotazos. Pero en cuanto se alejaron del rebaño también dejaron atrás a las moscas. Se reían a carcajadas haciendo más de un comentario referente a estos insectos.

Caminaban bordeando un pequeño reguero por un sendero estrecho. Después de mucho caminar se fue despejando. Enriqueta se quejaba de lo lejos que quedaba y Francisco le contestaba:

—Vamos ¡qué estamos llegando! Te gustará. Ya estamos llegando al cielo, al cielo, ¡al cielo!

El muchacho lo gritaba con todas sus fuerzas y el valle le devolvía su voz clara... ¡Al cielo, al cielo, al cielooo!

Y en efecto, llegaron a un lugar muy hermoso. Un lago en lo más alto de la montaña, con aguas de color azul verdoso, que dependiendo desde donde se mirase parecía que cambiaba de color, mostrando al inicio una gama entre un azulado muy clarito y casi incoloro, pasando a un azul más fuerte y acabando por mostrar un verde en todas sus tonalidades. Era un regalo a los sentidos. Sencillamente precioso.

Enriqueta se quedó de pie al borde del lago. Estaba emocionada. Tanta belleza y aquellos colores en movimiento la habían cautivado. Estaba impresionada. Dio un beso a Francisco y dijo:

—Gracias. Gracias por este regalo. Es precioso. ¿Podemos bañarnos?

Francisco sonreía mirando a Enriqueta y viendo su alegría, su emoción, su mirada y la expectación en su cara.

Juntos se sentaron y estuvieron un largo rato mirando el lago y su entorno. Disfrutaban con emoción de tan bonito paisaje.

—Este lugar se llama "El ojo del miro". Desde aquí en los días claros se ve Asturias. A mí me gusta venir. Me parece un sitio muy bonito.

La pareja comió unas manzanas. Se daban de comer el uno al otro entre besos, caricias y arrumacos. El amor y la ternura lo envolvía todo.

La mañana pasó rápida. Una ligera brisa acariciaba los cuerpos desnudos de Enriqueta y Francisco. Llevaban horas entregados al amor, sin mesura, sin descanso. Allí en medio del campo, en lo alto de aquella montaña preciosa. Como testigo "El Ojo del Miro". Sin pensar en nada ni en nadie, sólo en ellos. El sonido de los cencerros de las vacas los sacó de su embeleso. Se dieron cuenta de que ya era tarde. Todavía tenían que bajar de aquella enorme montaña y regresar a casa.

El domingo siguiente, fue la primera vez que Francisco llevó a Enriqueta a bailar. Fueron a Matarrosa a "La Pista", una terraza al aire libre que estaba situada en el barrio de La Estación, al lado de la carretera. Era un lugar donde, al son de la música de un tocadiscos, los jóvenes de Matarrosa y alrededores los domingos por la mañana después de misa bailaban un rato y por la tarde podían volver a hacerlo otra vez en la sesión hasta las nueve. Fue la primera vez que públicamente se veía a Francisco acompañado de una chica. Siempre que había salido con alguna lo había hecho con mucha discreción, casi en secreto, hasta que la muchacha de turno se cansaba y cortaba la relación. Pero él lo hacía para no disgustar a su madre, Lola. Ella se pasaba el día entero diciéndole a su hijo que se cuidara de las chicas. Le decía que eran todas unas frescas, que lo único que querían era casarse y que utilizaban sus mañas para engañar a los chicos.

Francisco no quería discutir con su madre. Sabía cómo pensaba y en realidad tenía un poco de miedo a contradecirla. Pero esta vez no había pensado en ella. Todos sus pensamientos eran para Enriqueta.

Lola se había pasado todo ese día llorando. No dejaba que Francisco se explicara, que expresara lo que sentía, ni cuáles eran sus motivos. Era ella la que hablaba y hablaba. Todo aquel drama se había originado esa misma mañana cuando madre e hijo desayunaban sentados en la cocina. Francisco pensó que ya no podía esperar más y que tenía que decírselo:

—Mamá, tengo que contarte una cosa muy importante. No quiero que me interrumpas. Escucha hasta que termine. Estoy saliendo con una chica. Se llama Enriqueta y vive en Páramo con su familia. Ellos son nativos de Astorga y hace poco que se trasladaron. Son buena gente. Pero lo importante que quería decirte, es que nos vamos a casar. Esta semana Enriqueta y yo subiremos a Santa Cruz de arriba e iremos a hablar con el párroco Don Andrés. Le pediremos su ayuda. Nos queremos casar en Páramo, donde vive Enriqueta y organizarlo todo cuanto antes. Él siempre me apoyo en todo y ahora estoy convencido que con las gestiones podrá intervenir. Enriqueta está embarazada y queremos casarnos pronto. Ayer por la noche hablamos con su familia y les explicamos todo. Aunque no les ha gustado la situación y están algo enfadados, ellos querían una boda sin prisas y bien organizada, nos ayudaran. Tenemos que casarnos para que cuando el niño nazca todo esté legalizado. Mamá, te pido que me acompañes un día de esta semana. Tenemos que ir a casa de los padres de Enriqueta y presentarnos. Ellos me mostraron su interés por conocerte, tenemos que hablar y concretar las cosas. Si te parece bien mañana por la tarde traigo a Enriqueta para que la conozcas. Estoy seguro de que te gustará, es muy guapa y simpática. Además le propuse que después de casarnos nos podemos quedar a vivir aquí contigo para que no te quedes sola.

Lola se iba poniendo pálida según su hijo hablaba. Su cara cambió de expresión, sus ojos estaban cada vez más abiertos y parecía que se le iban a salir de la cara. Pasó del estupor a la cólera. No podía creer lo que estaba escuchando, lo que su niño le decía. No le creía capaz, era imposible.

Pero a pesar de su férrea oposición la inercia de los acontecimientos siguió su curso. La boda se celebró. Fue una boda sencilla pero muy bonita. Enriqueta estuvo rodeada de toda su familia, que trataron a los novios con mucho cariño. Les hicieron regalos para que empezaran su nueva vida. Algunas mantas, sábanas, una vajilla con una decoración estilo inglés llena de florecillas, una cristalería, manteles, paños de cocina y pequeños regalos que eran de gran utilidad. Todos los días previos a la boda Francisco llegaba a su casa cargado con regalos que amigos y familiares le llevaban a Enriqueta. Él los traía y los colocaba en orden en la habitación que sería el dormitorio de la nueva pareja. Y Lola siempre hacía el mismo comentario:

—¡No sé para qué tantas cosas! Aquí tenéis de todo. No hace falta tanto regalo. Todo esto lo único que hace es estorbar. Buenas ganas de tirar el dinero y llenar las habitaciones de cosas inútiles.

A Francisco le dolía que su madre mostrara aquella acritud, aquel desdén y aquel menosprecio hacia todo lo relacionado con la boda, con los regalos y sobre todo con Enriqueta. Pero aguantaba y guardaba silencio.

El día de la boda a Enriqueta se la veía feliz. Siempre cogida de la mano de Francisco y bajo la atenta mirada de Lola, que consiguió intimidar a su hijo quien soltaba la mano de su mujer, aunque ella enseguida volvía a cogerla y la apretaba con fuerza.

Enriqueta había notado levemente el rechazo de su suegra, pero no se había dado cuenta de toda su dimensión, porque había estado muy centrada en los preparativos de la boda y no prestó atención a lo que la envolvía. Francisco sí que era consciente. Sabía que su madre estaba en contra de aquella boda. Durante el tiempo que habían estado con los preparativos las relaciones entre madre e hijo habían sido un martirio diario. En varias ocasiones había intentado convencerlo para que anulara la boda y le animaba a que se fuera. Por último, viendo que no lo convencía, tomó una actitud de seriedad y distancia. Hablaba sólo lo necesario. Si hacia algún comentario era con resentimiento o con desdén. Francisco, ingenuamente, esperaba que fuera un sentimiento pasajero, esperaba que su madre una vez se diera cuenta del amor que había entre Enriqueta y él, cediera y acogiera a Enriqueta como a una hija.

Una vez pasada la fiesta, cuando el día a día se impuso, cuando la rutina de lo cotidiano envolvió la vida de Lola, Francisco y Enriqueta, fue cuando afloró todo el resentimiento.

Enriqueta estaba aterrada. Cuando Francisco estaba trabajando, ella se pasaba el día encerrada en el dormitorio, pues su suegra siempre que se dirigía a ella era para reñirla como si fuera una niña pequeña. Cualquier cosa valía para molestarla. Constantemente le repetía que no hacía nada bien, que era una señoritinga de ciudad, haciéndola sentir inútil la mayoría de las veces. Sin embargo, cuando Francisco estaba presente disimulaba un poco. En realidad ignoraba a la joven. Tomaba la iniciativa y le contaba a su hijo todo lo que había hecho durante el día, lo mucho que había trabajado. Le pedía a su hijo que le contara como había ido el día en el trabajo, que cortara leña, que le trajera carbón desde la carbonera a la cocina, que engrasara una puerta que chirriaba. Todos los días cuando Francisco llegaba del trabajo tenía una lista de cosas para hacer. Lola procuraba por todos los medios que la pareja no tuviera tiempo para ellos. Si veía que entraban en su habitación enseguida lo llamaba con una excusa u otra. Si él se dirigía a su mujer y le hacía alguna pregunta sobre su estado, sobre los vómitos mañaneros o algún comentario de cualquier otro tema enseguida contestaba Lola, quitando importancia a cualquier cosa que Enriqueta hiciera o comentara. El hecho de que Enriqueta tuviera las típicas molestias del embarazo era motivo para que Lola la tratara de floja y de niña mimada. Ella se ponía como ejemplo y le decía que cuando ella tuvo a su Francisco había trabajado mucho durante su embarazo. Esa era otra forma de ridiculizar a su nuera delante de su hijo. El muchacho a veces defendía a su mujer pero tímidamente, ya que no se atrevía a enfrentarse a su madre. Así un día tras otro. Él se marchaba a trabajar y Enriqueta se encerraba en su habitación o salía a caminar y daba un paseo hasta Matarrosa y otras veces hasta el barrio del Treinta y Uno. Allí se compraba unas naranjas en la tienda de Mario y regresaba. Cuando llegaba Francisco su madre no le daba tregua.

—Hijo yo no quiero influir, no quiero meterme, pero esta chica no hace una a derechas. Se levanta de dormir a las doce o a la una del mediodía. No me ayuda a nada. Yo tengo mucho trabajo y todo lo tengo que hacer yo. Luego cuando se levanta se marcha a Matarrosa y se compra fruta en la tienda de Mario. Él me lo dijo. Eso me da mucha rabia pues parece que no tenga para comer aquí en casa. ¡Qué ganas de gastar dinero! Es una mano rota, se nota que ella no trabaja y gasta alegremente tu dinero. No le duele despilfarrar. Aquí en casa tenemos manzanas de nuestra huerta y no se las come. Tendrías que hablar tú con ella, a mí no me hace ningún caso, hijo. Tú sabes que yo sólo quiero vuestro bien y no quiero que gastemos el dinero. Además necesito que me ayude en el trabajo. Todo eso de que se encuentra mal por las molestias del embarazo son excusas de señorita. Habla tú con ella.

Estaban en la cocina sentados a la mesa los tres. Enriqueta aguantó inmóvil todas las quejas de su suegra. No se atrevió a contestar ni a defenderse. Ella era una mujer con un carácter decidido, nunca había sido débil pero no veía solución a su situación. Estaba segura que su suegra nunca cambiaría su postura y sería casi imposible que la relación madre-hijo cambiara. Lola lo dominaba todo. En su casa como ella repetía constantemente, las cosas se hacían como ella quería. Enriqueta comprendía que no era cuestión de razonar su comportamiento. Era algo mucho más profundo, por eso día tras día aguantó el lavado de cerebro que Lola hacía a su hijo. Tenía un nudo en la garganta y no quería ponerse a llorar allí delante de ellos. Se levantó y se encerró en su dormitorio. La oyeron llorar amargamente. A Francisco se le partía el corazón pero no se atrevió a correr a su lado a consolarla y mucho menos a contradecir a su madre.

Al día siguiente Enriqueta no salió de su habitación en todo el día. Lola se preguntaba qué estaría haciendo. Pero ella no estaba dispuesta a dar su brazo a torcer, así que no le preguntó ni llamó a la puerta.

Francisco llegó de la mina a media tarde y le preguntó a su madre por su mujer. Cuando Lola se disponía a contestarle a su hijo se abrió la puerta del dormitorio. En el umbral apareció Enriqueta, bien vestida, con su melena recogida en una trenza hacia un lado. Estaba muy pálida y visiblemente desmejorada. Sujetaba una maleta en la mano. Se quedaron mirándola muy sorprendidos. Ella no los dejó ni reaccionar y empezó a hablar:

—Francisco, me marcho a casa de mis padres. Cuando tengas un lugar, un techo donde resguardarnos a nuestro hijo y a mí, ven a buscarme. Te estaré esperando. Pero si piensas traerme de nuevo a esta casa puedes ahorrarte el viaje. Si prefieres quedarte con tu madre es asunto tuyo pero no cuentes conmigo porque eso significaría que no eres el hombre que yo quiero para compartir mi vida. Yo no necesito lujos, ni nada especial para vivir. Sólo un techo, un lugar donde tú y yo formemos nuestro hogar, nuestra familia, pero solos tú y yo. Piénsalo. En esta maleta sólo me llevo la ropita del bebé y algo para cam-

biarme. Espero que tú saques de esta casa todas mis pertenencias. En cuanto a usted, Lola no espere nunca, pero nunca jamás que yo vuelva a pisar esta casa.

Salió por la puerta sin esperar respuesta alguna y sin mirar atrás. Cerró la puerta de la casa tras de sí. Arrastró la maleta como pudo y salió a la carretera. Se puso a hacer señales a los coches que subían dirección Villablino con la esperanza de que algún conductor parase su vehículo, la dejara subir y la acercara hasta Páramo donde vivía sus padres.

Cuando Francisco y Lola reaccionaron salieron a la calle y vieron como Enriqueta se subía a una furgoneta de reparto de galletas. Momentos después se alejaba y se perdía en la curva de la carretera.

En aquel momento Lola tuvo la certeza de que acababa de perder a su hijo. Aquella joven con su acción obligaría a Francisco a pensar por sí mismo por primera vez. Y Lola fue consciente de que en aquel preciso momento su vida daba un giro de ciento ochenta grados.

CAPÍTULO 17

ÉXODO

Don Luis reflexionaba. Llevaba toda la tarde sentado en su despacho. Estaba preparando el sermón del próximo domingo pero no era capaz de concentrarse. Su mente volvía una y otra vez a los últimos acontecimientos. Cuántas cosas habían pasado, cuántos de sus buenos amigos se habían marchado. Le daba la razón a su filosofía de que la vida es un camino lleno de cuestas empinadas donde tenemos breves encuentros o largos trayectos en el tiempo compartiendo vivencias con personas muy valiosas, personas que te enriquecen, te complementan, te comprenden, te quieren y te ayudan. En su corazón sólo cabía lo bueno. Él se sentía muy agradecido con la vida por tanto como recibía, por estar rodeado de personas que para él eran excepcionales, honradas, luchadoras y dignas. Reflexionaba sobre los motivos por los que unos y otros se habían marchado. Había perdido últimamente un buen número de personas valiosas. Recordaba a Santiago que aunque habían empezado con mal pie cuando se conocieron pronto descubrieron lo mucho que compartían. Don Luis siempre le admiró. La lucha por los puestos de trabajo, el sacrificio junto con sus compañeros en la huelga, el encierro en la mina, la lucha y apoyo de todo el pueblo, la solidaridad de toda la zona, los momentos tan duros y a la vez tan llenos de amor humano, de compañerismo. El apoyo incondicional de tantas personas. Y muchas sorpresas, buenas y malas, personas de las que no esperaba nada te sorprendían con un acto lleno de generosidad y otras en las que confiaba, en momentos de necesidad, te daban la espalda. Habían sido años de mucha intensidad donde la vida cada día regalaba a los habitantes de los pueblos mineros una preciosa lección, llena de contrastes, imprevisibles pero maravillosos.

A Santiago lo habían despedido de la mina donde trabajaba a raíz de la huelga del año 1968. Lo habían acusado de cabecilla y de causar altercados. Don Luis recordaba el día que llegó a su casa, cogido de la mano de Crucita, aquella muchacha de Toreno y le había dicho:

—Nos queremos casar y que seas tú el que lo haga. Así que busca en tu agenda un buen día y que sea pronto. En cuanto nos casemos nos marcharemos a vivir a San Sebastián. Un hermano de Crucita nos busca ya trabajo y casa.

Fue otro de los muchos que emprendieron el éxodo. Primero fueron los despedidos en las huelgas del 1962, después los de 1968, más tarde los del 1971 y al final los habían seguido otros muchos. Los que con tanta ilusión participaban en las actividades de la HOAC y la JOC, los que movían y mantenían el movimiento de los libros, los que participaban en todo tipo de actividades.

Personas que lo habían apoyado cuando las continuas denuncias al Centro Social por parte de la Gobernación le obligaban a estar en constante alerta. Personas que le daban un soporte muy importante cuando viajaba a hacer sus recitales, cuando debatían los contenidos de los libros o cuando tenían aquellos maravillosos debates con aquellos dos ateos, Germán y Rodrigo, republicanos y comunistas hasta la médula.

A Germán y a Rodrigo los descubrió un día repasando la documentación que tenía del anterior párroco donde había un informe detallado de los dos primos. Afortunadamente no fue cursado y quedó en un cajón. Cuando don Luis lo descubrió lo rompió en mil pedazos, pero fue grande su curiosidad por conocer a aquellos dos individuos que tan bien se camuflaron, escapando del estricto control del régimen y pasando desapercibidos durante mucho tiempo. No tenía interés en que cambiaran de opinión, pero disfrutaba mucho con sus debates filosóficos y sus partidas al dominó.

Recordaba al grupo del teatro, al de ballet. Con todos había vivido momentos maravillosos. Rememoraba la evolución de tantas personas y daba gracias a Dios por llegar a aquel pueblo extraordinariamente bueno, donde tanto recibió. Siempre agradecía, decía que recibía mucho de los habitantes de la zona. No era consciente de lo mucho que él daba, que era impulsor de muchas actitudes, estímulo para aquella pequeña sociedad.

A su mente venían recuerdos que todavía y, a pesar de los años, sacaban la sonrisa y el agradecimiento a sus feligreses.

Ahora recordaba, después de años de dificultades, de amenazas, de censuras de todo tipo, de control de su teléfono, de su correspondencia y de su vida. En una ocasión hasta hubo tiros al aire. Siempre superando tantos problemas y perseverando en sobrepasar los muchísimos obstáculos. Por primera vez se sentía agotado, sin fuerzas. La tristeza llenaba su corazón. Estaba preparando su sermón de despedida, pero sólo él lo sabía, por eso se sentía tan angustiado. La melancolía ocupaba todo su ser, no podía decirles que se marchaba y no volvería.

Aquella mañana el camioncete de Aniceto, pues era más bien pequeño, que tenía para repartir el carbón y otras cosas de la droguería de su propiedad estaba reluciente. La tarde anterior había estado junto al campo de fútbol, a la orilla del río, limpiando todos y cada uno de los rincones. Quitó hasta los restos del carbón que quedaban del último reparto.

A las seis de la mañana tenía el camión aparcado delante de casa de don Luis. Con cuidado Aniceto y don Luis subieron las últimas pertenencias al mismo. La guitarra la conservó en la mano y la subió a la cabina cuando se sentó en el asiento del copiloto. Aniceto puso en marcha el motor.

Atrás quedaban once intensos años llenos de vivencias. Atrás quedaba un pueblo minero en su lucha interminable.

EPÍLOGO

En la Taberna de la Ronda los cuatro matarrosinos, los cuatro amigos, habían comido y hecho una larga sobremesa. Hablaron de las minas y de su gente, de la situación actual después de tantos años. Ahora peligraban más que nunca los puestos de trabajo. Eran muchas las explotaciones que se habían cerrado. Comentaron un programa que había emitido una de las cadenas de televisión de investigación. Hablaba de un entramado empresarial del carbón, de una estafa de aproximadamente cuarenta y seis millones de euros. Estafa que habría llevado a cabo un empresario en concreto, presunto culpable. Estaba pendiente de varios juicios por estafa al Gobierno Central y a Bruselas. Mientras tanto los mineros llevaban meses sin cobrar. Había grandes problemas económicos en toda la zona minera. Las imágenes emitidas por televisión del abandono de las instalaciones, el desastre ecológico de las minas a cielo abierto... No se conocía ningún proyecto de restauración de la zona, ni de inversión de ninguna clase. Hablaron de la marcha de los mineros hacía Madrid. Toda la minería unida en el camino. Fueron muchos los pueblos que se sumaron: Matarrosa, Toreno, Páramo, La Ciana, Villablino, Fabero y otros lugares. Durante el trayecto, la acogida por parte de los habitantes de pequeñas poblaciones y localidades fue muy buena. Ofreciendo todo tipo de ayuda a los caminantes. La prensa de todo el país había informado de este acontecimiento. Todos habían seguido con gran interés y preocupación la marcha minera y su decepción ante el escaso resultado después de tanto esfuerzo. Fue una lucha de todos por mantener los puestos de trabajo. Por el futuro de la minería del Bierzo.

Eran casi las nueve de la noche cuando Bárbara se levantó de la mesa. Fue a pagar las consumiciones, a despedirse de Modesto y a agradecerle todas las gentilezas que había tenido con ella y sus amigos.

Camino, Ofelia y Luis se pusieron en pie. Había sido una reunión muy intensa, llena de sentimientos y recuerdos. Todos juntos caminaron en silencio hacia Plaza Cataluña. Al llegar a la plaza se fundieron en un abrazo que expresaba todo el cariño, el respeto y la gran amistad que les unía y que se conservaba intacta a pesar de los años que habían pasado.

Estas imágenes son verídicas pertenecen a distintos momentos en el tiempo, mineros, procesiones y romerías. Ilustran historias llenas de vida, de lucha y de esperanza.

JAVIER
Romper las
Si supiera
PV 31

www.ingramcontent.com/pod-product-compliance
Ingram Content Group UK Ltd.
Pitfield, Milton Keynes, MK11 3LW, UK
UKHW022001190726
13853UKWH00004B/1662